本书出版得到国家重点文物保护专项补助经费资助

《浙江纪年墓与纪年瓷·绍兴卷》编委会

主编

郑建明　沈岳明

编委

浙江省文物考古研究所：谢西营　刘建安　李晖达

浙江省博物馆：汤苏婴　王轶凌

绍兴市博物馆：金　燕　娄　烈

绍兴市柯桥区博物馆：高幸江　周燕儿

嵊州市文物管理处：张　恒　王鑫君　尹志红　孙金玲　汪沈伟

上虞博物馆：高宝萍　杜　伟

诸暨市博物馆：宋美英

新昌博物馆：张斯鸿　俞国璋

文字

郑建明、谢西营及各单位编委分别撰写，郑建明统稿

摄影

郑建明（部分器物照片由收藏单位提供）

TOMBS AND PORCELAIN
WITH DATES
FROM SHAOXING ZHEJIANG

浙江纪年墓与纪年瓷

绍兴卷 上

浙江省文物考古研究所 编

文物出版社

图书在版编目（ＣＩＰ）数据

浙江纪年墓与纪年瓷．绍兴卷／浙江省文物考古研究所编．－－北京：文物出版社，2019.12
　　ISBN 978-7-5010-6318-5

　　Ⅰ．①浙…　Ⅱ．①浙…　Ⅲ．①墓葬(考古)－研究－绍兴②瓷器(考古)－研究－绍兴　Ⅳ．①K878.84②K876.34

中国版本图书馆CIP数据核字(2019)第225956号

浙江纪年墓与纪年瓷·绍兴卷

编　　者　浙江省文物考古研究所
责任编辑　谷艳雪　王　媛
美术编辑　程星涛
责任印制　张　丽

出版发行　文物出版社
社　　址　北京市东直门内北小街2号楼
网　　址　http://www.wenwu.com
邮　　箱　web@wenwu.com
制版印刷　天津图文方嘉印刷有限公司
经　　销　新华书店
开　　本　889×1194　1/16
印　　张　35.25
版　　次　2019年12月第1版
印　　次　2019年12月第1次印刷
书　　号　ISBN 978-7-5010-6318-5
定　　价　680.00元（全二册）

绍兴地区古代窑业

郑建明

一、前 言

绍兴市是浙江省辖的地级市，也是浙江省第四大城市，旧称会稽、山阴，简称越。绍兴地区目前发现最早的人类活动遗址是嵊州小黄山遗址，距今大约 10000～9000 年。到良渚文化时期，绍兴地区有了较迅速的发展，遗址数量较多。春秋战国时期，于越族在这里建都立国，公元前 473 年灭吴后统一江南地区并北上争霸，绍兴地区在历史上第一次形成与中原一争雌雄的力量。公元前 333 年，楚败越，统一的于越政权自此分崩离析，剩下的力量或称王、或称君，但绍兴地区仍是越文化的中心分布区。秦王政二十五年（前 222 年）平定江南，收降越君，以吴、越故地置会稽郡，郡治在吴（今苏州）。东汉永建四年（129 年），吴、会分治，在吴地设吴郡，会稽的郡治迁回钱塘江南岸，治山阴（今绍兴）。晋太康二年（281 年），以会稽地封于骠骑将军孙秀，以郡为国，称会稽国。南朝宋永初二年（421 年）复会稽郡。隋开皇九年（589 年）平陈，省郡县，

废会稽郡，同时并山阴、永兴、上虞、始宁为会稽县，并余姚、鄞、鄮入句章县，设吴州，治会稽县，辖会稽、诸暨、剡、句章四县。隋炀帝大业元年（605 年），废吴州，以原吴州境置越州，是为越州名称之始。南宋建炎四年（1130 年），高宗驻跸越州，于翌年改元绍兴，升越州为绍兴府，是为绍兴名称之由来。府治设山阴，辖山阴、会稽、诸暨、萧山、余姚、上虞、嵊县、新昌八县。现今绍兴市下辖越城区、柯桥区、上虞区、诸暨市、嵊州市和新昌县。

绍兴市位于浙江省东北部，北濒杭州湾、南靠金华与台州两市，北邻宁波，西接杭州。这里是宁绍平原的腹地，整体地势南高北低，北边以平原为主，南部以山区为主。会稽山脉在中部南北纵贯而过，将整个绍兴市域一分为二，形成东西两个相对独立的地理单元，其间各有一条河流蜿蜒南下，东边的曹娥江串起新昌、嵊州与上虞，西边的浦阳江及其支流则连贯诸暨与绍兴市区。除杭州

湾沿岸外，平原区域主要集中在曹娥江和浦阳江两岸，而古代的文明，包括窑业亦基本在河流沿岸发展。

瓷器是人类历史上出现早、应用广泛、影响深远的伟大发明之一，渗透到生活、生产的方方面面，极大地改变了人类的生存方式。中国是瓷器的故乡，瓷器的发明是中华民族对世界文明的杰出贡献。支撑中国作为世界瓷器起源地的重要证据是大量古代瓷窑址资料，而中国早期青瓷窑址，从夏商至汉六朝时期，绝大多数集中在浙江，且规模庞大，产品质量高、种类丰富，这里是当时制瓷业的中心，浙江早期青瓷的发明及发展史几乎等同于世界瓷器的发明和早期发展史。

浙江瓷器与瓷窑址的出现最早可以上溯至夏代，延续至明清时期，其主流发展过程可以划分成四个大的阶段，即先秦时期的原始青瓷、汉六朝时期的早期越窑青瓷、唐

图1　浙江地区主要窑址群

宋时期的越窑青瓷、宋元明时期的龙泉窑青瓷。其中制瓷史上两个里程碑式的技术跃进——原始瓷的起源与成熟青瓷的出现均发生在浙江，浙江不仅在夏商时期发明了原始瓷，而且在东汉时期成功烧造出了成熟青瓷

（图1）。而越窑两个大的发展阶段分别集中在上虞的曹娥江中游地区与慈溪的上林湖地区，其中汉代曹娥江流域成熟青瓷的发明及发展造就了汉六朝时期浙江作为全国乃至全世界制瓷中心的地位。

二、曹娥江流域的古代窑业

　　曹娥江流域的古代窑业基本集中在中下游地区的上虞范围内，上游地区的嵊州与新昌窑址数量极少、时代亦较晚，产品质量一般，故以下重点介绍上虞地区的古代窑业。

　　上虞县始设于秦王政二十五年（前222年），是浙江地区最早的秦县之一。

　　上虞的地形南高北低，南部山区与北部水网平原面积参半，俗称"五山一水四分田"。南部低山丘陵分属两支，东南系四明山余脉，较为高峻，最高海拔为861.3米；西南属会稽山余脉，略为平缓，最高海拔390.7米。北部平原水网属宁绍平原，地势低平，平均海拔5米左右。最北端是滨海高亢平原，平均海拔10米左右。四明山脉与会稽山脉由南而北逐步降低，中间夹一条大河曹娥江。曹娥江是浙江第四大河流，也是绍兴地区最大的河流。（图2）

　　曹娥江流域的东、南、西三面是四明山与会稽山脉，地势由南而北逐渐降低，流经的上浦镇一带是南部山区与北部平原的过渡

地带。曹娥江最大的支流小舜江发源于绍兴市区，由西南向东北在上浦镇注入曹娥江，由此在上浦镇周边形成一个较大的山间盆地。上虞地区曹娥江两岸以及包括皂李湖、白马湖等周边临河与湖的低山缓坡地带，处于南部高大山脉与北部河网平原的过渡地带，低山起伏、植被茂密、河网密布，不仅有丰富的瓷土和燃料资源，且水运四通八达，是烧窑的理想场所。这里是汉六朝时期瓷窑址的中心分布区，也是中国成熟青瓷的起源地。

图2　曹娥江

图3 四峰山与小仙坛窑址

上虞曹娥江窑址群以上虞南部上浦盆地周边为核心，同时包括东部地区的皂李湖与白马湖周边地区，大致可以分成几大片区：上浦西北的四峰山片区、上浦西南的大湖岙片区、上浦东北的窑寺前片区、上浦东南的凌湖片区以及大尖顶山片区、皂李湖片区、白马湖片区。

（一）四峰山片区

四峰山片区窑址群位于曹娥江的西岸、小舜江的北岸，以四峰山的东、南麓为分布核心，向北延伸至梅坞的猫头山、沿油螺山等地，这里已经是上浦盆地的北部边缘，再往北几乎不见窑址。四峰山片区窑址群又可

细分成两个小的窑址群，即小仙坛窑址群与凤凰山窑址群，目前均为全国重点文物保护单位。

小仙坛窑址群位于上虞区上浦镇石浦村，四峰山南麓（图3）。这里是上虞东汉瓷窑址密集分布地，在直线距离1500米的范围内分布着近10处窑址。小仙坛窑址主要由小陆岙、小仙坛、大园坪诸窑址组成，可分成早晚两个时期。

早期以小陆岙窑址为代表，时代大约在东汉中晚期，以烧造印纹硬陶、原始瓷为主。青瓷产品不仅数量少，而且面貌变化比较大，釉色包括酱黄色、酱褐色、青灰色、青色等。多数产品胎釉不稳定，胎质疏松、釉色深、胎釉结合差、火候低，生烧比例极高，仅少

数产品胎烧结度高、釉色青翠、釉质玻璃感强、胎釉结合好，接近成熟青瓷品质。同时流行拍印纹饰。（图4）

东汉晚期以小仙坛、大园坪等窑址为代表，青瓷产品有了质的飞跃，质量稳定，胎色灰白，质地细腻坚致，釉色青翠，施釉均匀，釉层透明，玻璃质感强，吸水率低（图5）。经过上海硅酸盐研究所等单位的测试，包括其烧成温度、吸水率、抗弯强度等在内的数据成为成熟瓷器的标准，为学术界所公认。小仙坛窑址是成熟青瓷起源的分水岭，为六朝时期青瓷的大发展奠定了技术基础。

小陆岙、小仙坛、大园坪窑址时间上的早晚及发展上的连续性，为我们研究东汉时期成熟青瓷的起源和发展提供了丰富的资料。小仙坛窑址亦被学术界认为是中国成熟瓷器的主要发源地，在中国陶瓷史上具有重要意义。

西边的馒头山窑址也可以划归到小仙坛窑址群中，作为一个新的类型——馒头山类型。该类型以生产印纹硬陶、硬陶、原始瓷等为主，胎质较粗而松，胎色较深。原始瓷沿袭本地的传统，器形主要是各种罐、瓿、罍、壶等。仅在器物朝上且没有遮挡的一面有釉，即器物的口沿、颈下部、肩、上腹乃至于内底中部，在器物朝下或受遮挡的一面则无釉，如器物的颈上部、下腹以及盘口壶的盘口下等部位。施釉不均匀，凝釉明显，有釉处的中心釉层最厚，向无釉处逐渐变薄乃至逐渐消失，不见明显的施釉线。釉色较深。（图6）

图4　小陆岙窑址青瓷标本

图5　小仙坛窑址青瓷标本

图6　馒头山窑址标本

在小陆岙窑址附近还发现了一处西晋时期的窑址，采集到的产品主要是碗、盘口壶、罐、洗等，流行网格纹与联珠纹装饰。窑具包括支烧具与间隔具两种，支烧具主要呈大型的筒形，间隔具均为锯齿状，不见三足钉形。判定时代略晚于凤凰山窑址群的主体窑址凤凰山、尼姑婆山等窑址，时代约在西晋时期。

凤凰山窑址群位于上虞区上浦镇大善小坞村，四峰山的东麓，南与小仙坛窑址群相邻。这里是三国西晋时期窑址的集中分布区，目前已经发现了十多处窑址，凤凰山窑址群位于这一区域的核心地带，包括凤凰山、前山与尼姑婆山等窑址。凤凰山窑址群各窑址分布集中，规模庞大，堆积丰厚，年代一致，烧造技术领先，制作手法新颖，是早期越窑鼎盛时期的典型窑场，不仅代表了三国西晋时期越窑烧瓷技术的最高水平，也是中国成熟瓷器发展的第一个高峰。

凤凰山窑址产品种类丰富，制作规整，釉色匀润，装饰技艺多样。器形有樽、罐、钵、盘、簋、双唇罐、盘口壶、狮形烛台、蛙形烛台、砚、扁壶、虎子、洗、碗等，包括日用瓷、陈设瓷、礼仪用瓷、丧葬用瓷等多个门类。装饰题材多样，有刻划的弦纹、水波纹，拍印的斜方格纹、栉齿纹、水波纹、龙凤纹，压印的网格纹，戳印的联珠纹、联珠花蕊纹，模印的铺首、佛像、兽面足和虎头、鸡头、牛头、马头、鹿头等，堆塑的人物、走兽、飞禽等。烧造工艺高超，龙窑进一步加长、

完善。窑具更加复杂，除东汉时期开始大量使用的大型支烧具与三足钉形间隔具外，新出现各种形态的锯齿形间隔具。工艺的改进不仅使产品质量有了巨大的飞跃，同时产量亦有极大的提高，使瓷器大规模产业化从而走进千家万户成为可能。此外，许多器物如三足洗、罐、盘口壶、双唇罐等体量巨大、胎釉质量高、装饰复杂、纹饰清晰，基本出土于以南京为中心的大型高等级墓葬中，可能是专供宫廷与高等级贵族使用的珍稀物品。凤凰山窑址应是早期生产宫廷用瓷的重要场所。

凤凰山窑址群的禁山窑址早期地层中发现了汉代产品，成为一个新类型——禁山类型。器类上除早期的罐、洗、盘口壶外，新出现大量的碗，锺少见。装饰以素面为主，偶见少量的细弦纹、水波纹以及铺首、系等。这一时期装烧上的一大变化是大量三足钉形间隔具的使用，不仅大大提高了产量，也使碗类日常用器成为瓷器烧造的主要门类，应该是瓷器成为日常用品的重要标志与转折。（图7、图8）

（二）大湖岙片区

该片区窑址群位于曹娥江的西岸、小舜江的南岸，以大湖岙村一带窑址规模最大、数量最多、分布最密集。大湖岙往北，沿曹娥江西岸在里基庵窑址西折，再沿小舜江南岸的低山丘陵，最远可到达大乌贼山窑址。大湖岙往南，沿曹娥江西岸可到上浦盆地南

图 7　禁山窑址

图 8　禁山窑址出土标本

部边缘的两美山窑址一带，这里是汉代窑址最集中的分布区，目前已发现窑址50多处，且时代均为汉代，未见更晚期的窑址。大湖岙片区窑址群大致可以划分成珠湖、马面山、里基庵三个类型。

1. 珠湖类型

珠湖类型的产品包括三种。第一种即馒头山类型的原始瓷，仅在朝上没有遮挡的部分有釉，凝釉明显，施釉线不清晰。第二种器物的器形、装饰、成型工艺、胎质与胎色等均与第一种近似，但施釉技术发生了根本的改变。使用刷釉技术，器物朝上朝下的部位均施釉，釉层薄，釉色较青翠且较均匀，施釉不及底，施釉线清晰。部分器物或局部施釉较为草率，仅寥寥涂刷数笔。此外，少量质量好的青瓷可能已进入成熟青瓷的门槛。主要器形有罐、瓿、壶等。流行拍印纹饰，主要有方格纹等。第三种类型器物胎色较深，呈灰褐、黑褐、紫褐、土黄等颜色，一般通体施釉，釉色酱黄或酱褐色，火候较低，釉中含铅量较高。（图9）

2. 马面山类型

产品主要有罐、瓿、罍、壶。多数器物器形巨大。流行拍印纹饰，主要有方格纹、菱形方格纹、梳状纹、垂鳞纹等。多数器物无釉且呈生烧的土黄色，仅少量器物有釉，釉色一般较深，呈酱黑色或酱黄色。胎釉结合不佳，剥釉现象严重，釉层不均匀。

与小陆岙类型特征一致。

3. 里庵基类型

采集到的标本主要有青瓷碗、罐、钵、洗等。素面为主，少量有弦纹与水波纹等装饰。胎釉质量极高，胎质细腻，釉色青翠，胎釉结合好，施釉不及底。窑具有大量的三足钉形间隔具与筒形支烧具。

与禁山类型特征一致。

（三）窑寺前片区

窑寺前片区窑址群位于上虞南约10千米的上浦镇东山村甲仗与窑寺前两自然村，西距曹娥江约1.5千米，20世纪60年代调查发现[1]，其中窑寺前窑址为浙江省级文物保护单位。（图10）

上虞五代北宋时期的窑址分布范围和窑址数量远不及汉六朝时期，主要以窑寺前为中心，山南的帐子山一带亦有一定分布。

图9 珠湖类型产品标本

图10　窑寺前窑址

窑寺前片区窑址群分布于一处朝西呈"凹"字形山岙的环山山麓，东、南、北三面均有，西北自马岙、马窑头窑址起，顺时针方向依次为窑湖、窑寺前、挂壁灯山、后宋家山、宋家山、立柱山、道士山、前岙、蒋家山、合助山、罗夹岙、吸壁蝴蝶山、驱猪岭、盘口湾及傅家岭等近30处窑址。窑址分布范围广，堆积丰厚，时代以北宋中晚期为主，部分可到晚唐至北宋早期。

少量汉六朝时期窑址，包括罗夹岙、蒋家山Ⅰ号、窑寺前Ⅱ号、马窑头Ⅱ号等窑址，起自东汉，止于南朝，产品质量普遍较高。

东汉时期的窑址包括蒋家山Ⅰ号、马岙、马窑头、长大山Ⅱ号等窑址。其中长大山Ⅱ号窑址年代较早，产品与馒头山类型接近，采集到的标本普遍质量比较差，硬陶类的器物较多，带釉的原始瓷或瓷器类器物少见。

流行拍印纹饰，有网格纹、直条梳状纹等。火候高，胎质较粗。器形主要是大型的罐、罍类器物。窑具主要是粗大的支烧具。其余窑址面貌基本一致，与禁山窑址汉代类型相似。产品以碗、罐、宽沿洗、方唇洗、盘口壶等为主，基本为青釉。胎釉质量高，胎质细白，施釉均匀，玻璃质感强，外底施釉不及底。有少量的水波纹、弦纹、铺首等装饰。窑具主要是筒形支烧具与三足钉形间隔具。筒形支烧具胎质较细呈瓷胎状，部分外表施有釉层。三足钉形间隔具钉多较长，钉间距较小。

三国西晋时期的罗夹岙、窑寺前Ⅱ号等窑址产品无论器形、装饰还是胎釉质量都得到了进一步的发展。流行纹饰装饰，主要为条带状的网格纹等，铺首大量出现。装烧方式上最大的变化是间隔具，由纯用三足钉形间隔具转变为三足钉形与锯齿状间隔具共用。

东晋南朝时期的窑址仅在窑寺前片区发现两处，即窑寺前Ⅱ号与绳头山窑址。产品质量整体下降，器物种类减少，胎质更粗而松，釉色更薄而莹润感下降。装饰更为简单，网格与联珠纹不再使用，代之以刻划的莲瓣纹；点彩大量出现，一般装饰于器物的口沿上。装烧方面，东晋时期不再使用三足钉形间隔具，而代之以纯锯齿状间隔具；东晋晚期或南朝时期出现不使用间隔具而仅以泥点间隔的装烧方式，泥点多呈圆形，较大，数量不多。由于是调查采集，未能确定南朝时期是仅用泥点间隔还是同时使用泥点与锯齿状间隔具。从隋到初唐仅发现泥点间隔的情况来看，锯齿状间隔具的消失可能在南朝时期就完成了。

隋至初唐时期的窑址在本区域内没有发现。

晚唐至五代时期的窑址仅在傅家岭、窑寺前等少数窑址的早期地层中有发现，且堆积较薄，分布范围不大，没有单纯为这一时期的窑址。晚唐、五代时期产品质量普遍较差，器类单一，以碗占绝大多数，另有少量的壶、罐类器物，基本为素面。釉色青黄，釉面干枯，质感不强。以泥点间隔叠烧，泥点多呈长椭圆形，数量多且排列紧密。支烧具呈矮喇叭形，粗陶质。窑址出土碗的圈足呈略宽的玉环状，此类圈足唐末至五代时期出现在上林湖地区，在窑寺前地区是否能到唐末尚不能确定。

北宋时期产品质量普遍较高，尤其是北宋早中期。以傅家岭等窑址的产品质量最为上乘，产品种类丰富多样。胎质细腻，色浅灰。釉色中天青色比例较高，釉面匀润而饱满。流行细划花装饰，题材主要是各种花卉与禽鸟，也有龙凤纹等。窑具主要是匣钵与垫圈，一般单件匣钵装烧。施满釉，外底与垫圈间用泥点间隔。匣钵除陶质外，还有部分为细白的瓷质。北宋中晚期产品质量逐渐下降，胎质变粗，釉色逐渐泛黄且莹润感下降，装饰主要是粗刻划花，从严谨逐渐粗率。到北宋末期，釉的莹润感已极差，釉面干枯。器类基本只有碗一种，外底不施釉而以泥点间隔直接叠置，明火烧造。此外，在傅家岭与盘口湾北宋窑址中还采集到瓦类建筑材料，有筒瓦与板瓦两种，瓷质，部分有釉。

（四）凌湖片区

上浦镇凌湖村原属联江公社凌湖大队，后改为上浦镇凌湖村，2006年并入夏家埠村，成为一个自然村。夏家埠村紧邻曹娥江边，"文革"时称红光村，现辖夏家埠、凌湖、新窑三个自然村。夏家埠南边同样在曹娥江边的是冯浦村，原为联江公社所在地，现辖石井等自然村。

凌湖片区窑址群位于上浦镇的东南，北边为窑寺前片区，中间仅隔东山景区；西边紧邻曹娥江；南至石井水库，再往南为章镇地区，已到窑址群的边缘，这里仅发现少数质量较差的唐代窑址；东边为较高的山脉。

凌湖片区窑址群所在的地貌为一个朝西南方向近似"山"字形的山岙，由三道西南—东北向的狭长山脉组成。中间是凌湖村所在地，北边为帐子山，南边是石井村所在地。窑址分布于南北两个山岙四周的山上，分属于夏家埠、凌湖、新窑、石井四个自然村，夏家埠与冯浦两个行政村。

凌湖村位于中间一道山梁的南边，即南边山岙的北边，因村南原有一个呈菱角状的湖而得名。该湖面积极大，两头分别与曹娥江相连，后在"农业学大寨"时大部分被填平成田，现仅在村东南留有小面积水面，其菱角的形状仍依稀可见（图11）。有村民认为凌湖是古代取瓷土形成的，而现在烧仿古瓷的窑厂仍在这一带水田取土。

凌湖片区窑址群的窑址年代，上起东汉，历三国、西晋，至唐宋时期，其中东晋、南朝时期的窑址目前尚未发现。

东汉时期的窑址在两个山岙中均有分布，包括虎皮岗、刀砖岗和帐子山三个类型。

虎皮岗类型窑址包括虎皮岗I号、II号窑址和大平地窑址，产品包括瓷器与印纹硬陶两类，器形有大型的罍、罐、锺等（图12）。瓷器质量较差，胎质较粗而松，许

图 11　凌湖

图 12　虎皮岗窑址产品标本

多器物有较大的气孔，釉色变化较大，有青釉、酱黄釉、褐釉等色，火候较低，剥釉严重。印纹硬陶多为大型的罍、罐类器物，饰拍印的网格纹、梳形纹等。窑具基本为支烧具，多呈高大的筒形，也有二足形，发现的饼形具应该是置于筒形支烧具上复合使用。大型器物当为单件装烧。该窑址产品质量一般，与小陆岙等窑址可能同属于一个类型。

　　刀砖岗类型窑址包括刀砖岗、畚箕窝、后山等窑址，采集到的产品均为青瓷。器形有大型的洗、直口短颈罐以及碗等。胎质细腻，胎色灰白，火候较高，叩之清脆有声。釉色青翠，施釉均匀，玻璃质感强，胎釉结合好。在洗上发现有水波纹装饰。窑具主要是高大的支烧具，偶见三足支钉形间隔具。

大型器物当为单件装烧，碗类器物多件叠烧。该类型窑址产品质量极佳，与四峰山片区的小仙坛、大园坪等窑址属于同一类型，代表了东汉时期瓷器的最高制作与烧造水平。可划归小仙坛类型。

　　帐子山类型窑址仅有帐子山IV号窑址，产品包括青釉与黑釉瓷两种。器形主要有碗、罐、宽沿洗、方唇洗、双唇罐、盘口壶、罍等。碗类器物占多数，因此器物总体上以素面为主，但罐、洗、罍、盘口壶等器物常见有纹饰装饰，包括弦纹、水波纹、梳状纹、网格纹、叶脉纹以及铺首、陶俑等。青釉类器物胎质较细而坚致，胎色较浅而呈灰白色。黑釉类器物胎色较深，呈灰、深灰或灰黑色，胎质普遍较粗，有较多的细小砂粒。火候均较高，施釉均匀，胎釉结合好，玻璃质感强，烧结度高。尤其是黑釉类产品，是目前已知东汉时期质量最高的产品。窑具主要有筒形支烧具、两足支烧具以及三足钉形间隔具等（图13）。

三国西晋时期的窑址包括鞍山Ⅰ号、鞍山Ⅱ号、帐子山Ⅱ号等窑址，质量极高。产品的胎、釉、器形、装饰、装烧等特征与四峰山片区凤凰山窑址产品基本一致。20世纪80年代在鞍山曾揭露一座完整窑炉[2]，为龙窑，全长13.32米，长方形火膛，低于窑床42厘米，窑前有长方形操作面。窑室为甬道形，长10.29、宽2.1～2.4米，前段较宽而平，坡度13°，后段较窄而陡，坡度23°。窑尾高于窑床，呈一平台形，尾部有五个出烟孔。窑墙用砖坯起拱。窑内有大型的喇叭形支烧具，一般分成上下两部分，在普通的喇叭形支烧具上叠置矮圆柱状支烧具。

隋唐时期的窑址在这一地区有一定数量的分布，规模亦比较庞大，其中以唐代中晚期的为主，隋至初唐时期的窑址目前仅在窑台山发现一处。隋至初唐时期的产品质量上承南朝的衰落之势并进一步下降，器类单一且无纹，胎色较深。多数器物内外仅施半釉，釉的质感较差，釉面干枯。直接明火叠烧，支烧具较矮。中晚唐时期生产规模扩大，包括甑底山、象鼻岗、帐子山Ⅱ号、帐子山Ⅴ号、窑山Ⅰ～Ⅳ号、黄蛇山、石井水库Ⅱ号等窑址。产品种类亦有所增加，包括玉璧

图13 帐子山窑址产品标本

底碗、宽圈足大碗、罐、各种执壶、灯、壶、钵、碾轮与碾槽等。多素面无纹。胎釉质量仍旧较差，釉色青黄，釉面干枯，质感不强。以泥点间隔叠烧，泥点多呈长椭圆形，数量多且排列紧密。支烧具呈矮喇叭形，粗陶质，在部分窑址发现少量的匣钵。

北宋时期产品质量迅速提高，其发展遵循北宋越窑的演变轨迹，从兴盛逐渐衰落。窑址主要包括帐子山Ⅰ号、帐子山Ⅴ号、西汪塘、黄蛇山、石井水库、窑山Ⅱ号、唐家山、新窑等。北宋早期产品种类较为丰富多样，流行细划花装饰，题材有各种花卉与禽鸟。胎质细腻，呈浅灰色，釉面匀润而饱满。窑具主要是匣钵与垫圈，一般单件匣钵装烧。施满釉，外底与垫圈之间用泥点间隔。北宋中晚期产品质量逐渐下滑，胎质变粗，釉色逐渐泛黄且质感下降，装饰主要是粗刻划花，从严谨逐渐粗率。

此外，该窑址群以南的章镇前进村一带有少量的窑址，面貌与凌湖的唐代窑址群接近，时代均为唐代中晚期前后，产品较为单一，质量一般。器形除碗外，在前进窑山等窑址还有较多数量的盘口壶类大型器物。

（五）大尖顶山片区

位于窑寺前片区窑址群的北边，大尖顶山的西麓，曹娥江东岸。目前已发现窑址20多处，以东汉时期窑址为主，少量为三国西晋时期窑址。

东汉时期的窑址面貌较为一致，均可划归馒头山类型。产品以印纹硬陶与原始瓷为主，瓷器产品较少。器形以大型的罐、罍、坛类器物为主。无论是瓷器还是陶器基本通体拍印纹饰，印纹硬陶纹饰主要有细方格纹、梳状纹、菱形填直线纹、长方形填斜网格纹等。采集到的瓷器标本釉色普遍较深，呈酱褐色，釉不甚均匀，凝釉较为严重，且器物外腹基本施釉不及底。

三国西晋时期的窑址仅三处，包括前面山、岳庙山、大山岙Ⅱ号窑址。青瓷产品以碗为大宗，包括罐、盘口壶、宽沿洗、井等。青灰色胎，青绿色釉较佳。小口类器物内腹不施釉，外腹施釉不及底；大口类器物外腹施釉不及底。流行纹饰装饰，主要是碗、洗等器物的腹部以及罐与盘口壶类器物的肩部使用条带状的网格纹，网格纹上下亦见有细弦纹与联珠纹等。窑具主要是大量的锯齿状间隔具，此外有少量的三足钉形间隔具与高大的筒形支烧具，支烧具上置一个扁体盂形的矮垫托具。碗类大口器物普遍叠烧。

（六）皂李湖片区

皂李湖流域是一个东西向狭长、坐东朝西的山岙，皂李湖位于山岙的东端尽头处，西边有河网通往曹娥江，大部分河道与湖网已淤积。窑址群主要围绕皂李湖北边与西北边两个南北向的山岙分布，西边的晒网山与西资山略远离这两个山岙。窑址群从皂李湖东边的东大岙岭窑址开始，向北过老鼠山、罗岭等窑址，在山岙近尽头处西折为庙山岙、庵山、平地山等窑址，最后止于皂李湖西北岸的龟山窑址；西边山岙略偏北，从东南角的长宇湾等窑址开始，向北过冲担山，在山岙的尽头龙松岭西折，过白龙山塘、顶头山，止于后山头窑址。两个山岙共有窑址40多处，时代从东汉延及东晋南朝。

东汉的窑址包括岙门口、龙松岭与保架山三个类型。

岙门口类型窑址数量较多，采集到的标本普遍质量较差，类似硬陶类的器物比较多，带釉器物少见，主要是大型的厚唇罍类器物。流行拍印梳状纹、网格纹，另有少量的弦纹罐。火候高，胎质较粗。窑具主要是粗大的支烧具与两足圆饼形垫具，前者为瓷质，后者为陶质。相当于馒头山类型。

龙松岭类型采集到的标本主要是印纹硬陶与原始瓷器，大型器主要是厚唇罍、锺、罐类，其中高圈足的锺比较多。部分锺类器物胎质较细腻，胎色比较白，火候高，一般仅在肩部等朝上的部位有釉，没有清晰的施釉线。发现一片近酱黑色的低温器物标本，有刷釉痕迹。窑具主要是粗大的瓷质支烧具。相当于珠湖类型。

保架山类型标本质量普遍较好，均为青瓷器，胎釉质量较好。器形主要有碗、罐、盘口壶、洗、盆等，素面为主，基本不见纹饰。窑具主要是粗大的支烧具与三足钉形间隔具，均为瓷质。相当于禁山类型。

六朝时期的窑址数量与东汉时期基本相当，但这里集中了一批东晋南朝时期的窑址，

是这一时期窑址群最为集中、产品质量最好的地区。

东吴时期窑址数量不多，主要是保架山等少量窑址，产品种类丰富，制作规整，装饰技艺多样。器形有樽、罐、钵、碗、盘等。装饰题材多样，主要有压印的网格纹、戳印的联珠纹等。窑具更加复杂，除东汉时期开始大量使用的大型支烧具外，新出现包括三足支钉形、锯齿形等各种形态的间隔具。

西晋时期的窑址数量较多，包括老鼠山等一系列窑址。器形、装饰等与东吴时期相比总体质量略有所下降，最大的变化在于窑具，这一时期三足钉形间隔具不见，仅有筒形支烧具与锯齿状的间隔具。

东晋南朝时期的窑址以长宇湾等窑址为代表，器形主要有碗、盘口壶、罐、盆等。胎釉质量较西晋时期进一步下降，胎质较粗，夹杂的砂粒更多。釉面质量下降，更加干枯。装饰较少，有少量的弦纹以及一定数量的点彩。窑具主要是少量的支烧具与锯齿状的间隔具，大量器物直接叠烧。

（七）白马湖片区

白马湖片区位于皂李湖流域北边，这是一处东西向的狭长山岙，西边已进入了宁绍平原区，因此更加开阔。窑址主要位于山岙东端南北两侧的山坡上，其中在南侧山坡分布更分散、范围更广，西南端已进入了百官街道。共有窑址30多处。

在这一片区的小家岙窑址，我们首次从地层堆积、产品面貌上确定了上虞地区先秦时期窑址的存在。这是一处以烧造印纹硬陶为主，兼烧少量原始瓷的春秋战国时期窑址。

东汉时期窑址较少，均属于禁山类型。产品以碗、罐、宽沿洗、方唇洗、盘口壶等为主，基本为青釉。胎釉质量高，胎质细白，施釉均匀，玻璃质感强，外底施釉不及底。素面为主，有少量的水波纹、弦纹和铺首装饰。窑具主要是筒形支烧具与三足钉形间隔具。

东吴时期窑址是这一区域的主体，产品种类丰富，制作规整，装饰技艺多样。器形有樽、罐、钵、碗、盘等。装饰题材多样，主要是压印的网格纹、戳印的联珠纹等。窑具更加复杂，除东汉时期开始大量使用的大型支烧具外，新出现包括三足支钉形、锯齿形等各种形态的间隔具。

该片区发现的窑址最晚到北宋时期，这也是上虞地区唐宋窑址分布的最北界。采集到的标本主要是碗、执壶等，产品质量较佳，胎质较细，釉色多呈青黄色。使用M形陶质匣钵单件装烧，器物与匣钵使用垫圈间隔。

从中国陶瓷发展史来看，成熟的窑系划分主要出现于唐代，传统的越窑主要是指上林湖地区唐至北宋时期的窑业。上虞地区包括小仙坛等窑址群的发现及其基本特征的确立，是对越窑在时空上的极大拓展，以此为基础，越窑时代上溯至两晋以及东汉时期，成为中国成熟青瓷的起源；空间上从上林湖地区拓展至曹娥江中游，进而扩大到整个宁绍平原以及周边地区，并形成了越窑、越窑系等基本概念。

上虞地区的窑址群，目前共发现近300处，其中东汉时期窑址约150处、三国西晋时期窑址约70处、东晋南朝时期窑址9处、隋唐时期窑址约20处、五代北宋时期窑址30多处（图14）。东汉至三国西晋时期的窑址最多，这是上虞地区古代窑业发展的第一个高峰，也是全国这一时期瓷器生产的一个中心。东晋南朝至初唐是发展的低谷，中唐以后逐渐恢复，但总体上质量较差。北宋早中期迎来了发展的又一个高峰，质量高、规模大，尤其窑寺前窑址群部分窑场的产品与高质量的秘色瓷接近，成为唐宋时期越窑继上林湖之后最重要的窑场。北宋中晚期逐渐衰落并至停烧。

总体上曹娥江流域汉六朝时期成熟青瓷窑址具有以下几个方面的特征：首先是出现时期早，持续时间长，序列完整。从东汉中、晚期开始出现，历经东吴、西晋，至东晋南朝，基本不曾间断，是目前已知国内最早出现成熟青瓷的地区。其次是窑址密集，生产规模庞大。从目前掌握的材料来看，曹娥江流域这一时期的窑址已发现200多处，许多窑址分布面积大、堆积层厚，产量已达到了相当的规模。第三是产品种类丰富。除日用

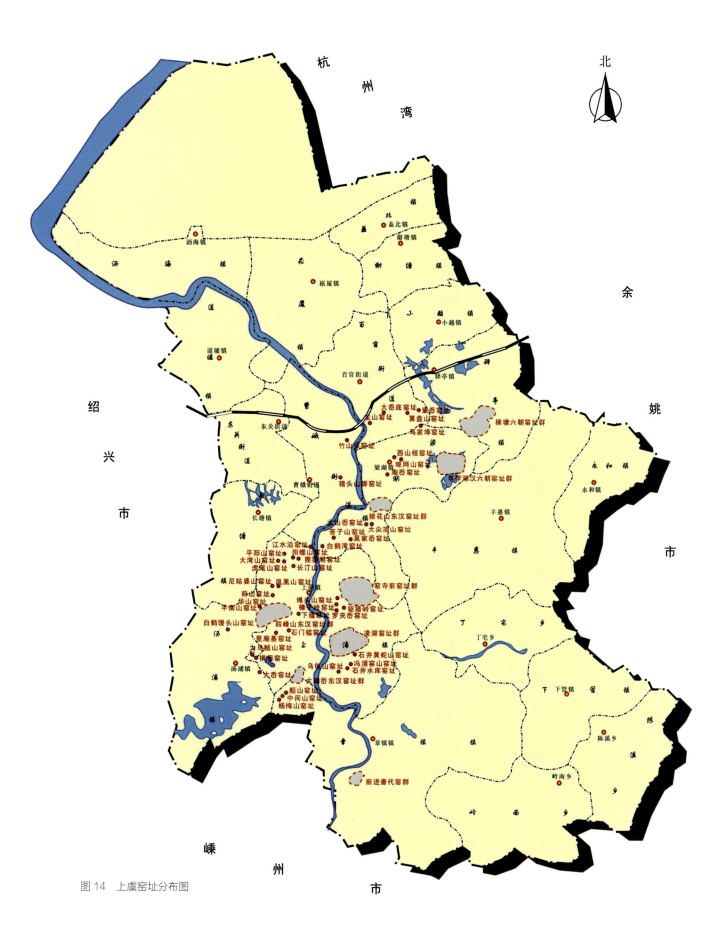

北

杭 州 湾

余

姚

绍 兴 市

嵊 州 市

盖北镇
谢塘镇
崧厦镇
道墟镇
小越镇
百官街道
驿亭镇
大岙底窑址　章岙窑址
龙山窑址　算盘山窑址
马家埠窑址
竹山岙窑址
西山枝窑址
梁湖镇　晾网山窑址
陶岙窑址
猪头山脚窑址
东关街道
曹娥街道
横塘六朝窑址群
华丰湖汉六朝窑址群
丰惠镇
长塘镇
石山岙窑址　拗花山东汉窑址群
苦子山窑址　大尖顶山窑址
江水沿窑址　吴家岙窑址
平阳山窑址　白鹤湾窑址
田螺山窑址　狸猫湖窑址
大湾山窑址　长汀山窑址
虎尾山窑址
尼姑婆山窑址　凤凰山窑址
前山窑址
华山窑址　绳头山窑址　窑寺前窑址群
平南山窑址　椿树岭窑址　驱猪岭窑址
白鹤馒头山窑址　下建窑址　罗夹岙窑址
四峰山东汉窑址群
里庵基窑址　石门槛窑址
乌贼山窑址　凌湖窑址群
横岙窑址　石井黄蛇山窑址
汤浦镇　大岙窑址　乌龟山窑址　冯浦窑山窑址
太湖岙东汉窑址群　石井水库窑址
船山窑址
中间山窑址
杨梅山窑址
章镇镇
前进唐代窑群

永和镇
永和镇
丁宅乡
下管镇
陈溪乡
岭南乡

嵊 州 市

图 14　上虞窑址分布图

瓷外还有陈设瓷和丧葬用瓷，包括碗、盘、碟、罐、熏、簋、壶、罍、瓿、盆、瓶、盂、钵、鸡笼、狗圈、井舍、厕所、楼房、魂瓶、鸡首壶、洗等，造型复杂，纹饰繁缛，许多大型高档器物的生产目前仅见于这一窑区。第四是产品质量高。许多产品体形硕大，制作规整，胎质坚致细腻，釉色青翠匀润，施釉均匀，玻璃质感强。第五是窑具形态各异，龙窑稳定，装烧工艺成熟。第六是出现独立的庞大窑区。

综上所述，曹娥江流域不仅是中国成熟青瓷的起源地，也是当时的瓷器烧造中心，引领着瓷器制造的时代潮流，在中国陶瓷史上具有独一无二的地位。

三、绍兴地区浦阳江流域古代窑业

浦阳江发源于浙江中部的浦江县境内，一路向北，过诸暨市区，在萧山境内流入钱塘江，是钱塘江的一大支流。这一地区窑业，出现的时间比较早，可以上溯至春秋时期，历汉六朝，延至唐宋时期。虽然窑业历史比较悠久，但窑址数量总体上并不多，分布亦不密集，没有形成规模化、聚集化的窑业中心，应该是窑业中心区之外的边缘产区。产品质量虽然不能与先秦时期东苕溪流域的德清、汉六朝时期曹娥江流域的上虞及唐宋时期的上林湖等中心区域相比，但整体上质量仍旧比较好，如东晋南朝的判官园窑址、宋代的官山窑址等。

（一）先秦时期的窑业

先秦时期的窑址目前共发现五处，包括诸暨的柁山坞、上檀、下檀和绍兴市区的长竹园、吼山等。

浦阳江从诸暨进入萧山境内，进化镇的浦阳江两岸是浙江先秦时期两大窑业中心之

图15　印纹硬陶罐

图16　原始瓷碗

图 17　诸暨下檀窑址

一，重要性仅次于东苕溪流域的德清地区。窑址有 20 多处，形成一定的规模，时代为春秋晚期至战国初期，产品较单一，主要为碗类原始瓷与罐类印纹硬陶。已发掘前山窑址[3]和安山窑址等。该窑址群从产品类型上看以生产印纹硬陶为主（图 15），另有少量的原始瓷器（图 16）；从时代上看始于春秋中晚期，兴盛于战国早期，衰落于战国中期；从原始瓷种类上看基本为碗、碟类小型日用器，偶见小型的罐类器物，不见大型的原始瓷礼器与乐器。该窑址群应该是以德清为中心的东苕溪流域先秦时期窑址群的一个补充。诸暨和绍兴市区先秦时期窑址的时代与产品面貌接近于进化镇地区，但数量更少，也更分散，应该是进化窑址群的外围窑址。

诸暨的柁山坞前山咀与下檀窑址以烧造印纹陶为主，器形主要为罐、坛、罍类器物，紫红色胎，通体拍印米字纹、重回字十字交叉纹、回字纹、方格纹、席纹等纹饰。

有极少量的原始瓷器，主要是盅式碗，偶见罐类器物，胎釉质量较高，均为素面。（图 17、图 18）

诸暨柁山坞的后山咀窑址以烧造原始瓷为主。器类单一，基本为盅式碗类器物，内腹轮旋痕清晰而密集，胎釉质量比较高。（图 19）

绍兴市区先秦时期的窑址数量不多，从产品类型上可以分成烧原始瓷、烧印纹硬陶以及两者兼烧三种类型。

纯烧原始瓷的窑址以吼山为代表，位于绍兴城东 10 千米的原樊江乡吼山村，产品主要是碗和盘。碗大小不一。盘唇部外折，上腹鼓，下腹斜收。器物内底轮旋痕细密。器壁厚薄均匀，胎色灰白。外施青黄色薄釉，胎釉结合较好，但凝釉明显。器物之间使用三个托珠间隔[4]。

纯烧印纹硬陶的窑址以东堡窑址为代表，包括渡桥头窑址[6]。东堡窑址在绍兴城东南10千米的半山区，坐落在东堡村庙前山东北缓坡上。产品主要是坛与罐类盛贮器，胎色有紫褐、深灰和红褐几种，以紫褐色居多。手工和轮制相结合，口颈用慢轮修整，腹部至底采用泥条盘筑成型。器表拍印方格纹、重回纹十字交叉纹、菱形填线、重回纹十字交叉纹与方格组合的复合纹、麻布纹等[7]。

原始瓷与印纹硬陶兼烧的窑址以长竹园窑址为代表，包括诸家山窑址。长竹园窑址于1978年经过小范围的试掘，清理出龙窑

图20 绍兴长竹园窑址产品标本

炉遗迹。原始瓷主要有盅式碗、盘、碟、钵等，器形规整，素面，内腹有细密而规则的轮旋痕。胎色灰白，胎质细腻。内外满施青中泛黄的薄釉，玻璃质感较强，但施釉不均匀，凝釉明显。印纹硬陶以罐与坛类器物为主，胎质较细，胎色紫红，火候较高。外腹拍印米字纹、米筛纹、叶脉纹、席纹、回字纹、方格纹等。窑具发现有扁圆形的托珠，陶质，制作不甚规则，用作原始瓷碗类器物叠烧的间隔具[5]。（图20）

图18 诸暨下檀窑址的印纹硬陶

（二）汉六朝时期的窑业

东汉时期的窑址主要有绍兴外潮山窑址与诸暨枫山坞窑址。外潮山窑址位于绍兴城西约32.5千米的夏履镇新民村外潮山西坡。产品主要有罍、钵、罐、洗、壶等。既有成熟瓷器，亦有原始瓷与未施釉的印纹硬陶。多数器物体形较大。流行纹饰装饰，有弦纹、水波纹、方格纹、席纹以及窗格纹、叶脉纹、梳状纹等，弦纹与水波纹为刻划，耳面上的叶脉纹等为模印，其他几何形纹饰为拍印。

图19 诸暨后山咀窑址的原始瓷

图 21　绍兴九岩窑址

不同类型的产品胎釉质量差别较大：原始瓷釉层薄且不均匀，玻璃化程度不高，容易剥釉；成熟瓷釉色多为青绿或青黄，釉层均匀，釉面光亮，胎质细腻致密；酱褐釉瓷所占比例不高，质地粗糙，有较多的杂质和气孔。说明这一时期对瓷土有了明确的选择性，淘洗后的精细原料用来制作青瓷，较粗的原料则用作酱褐釉坯，用酱褐釉瓷表面的深色厚釉完全覆盖胎骨，从而达到省工节料降低成本的目的。在制作手法上，钵、洗等器物多为轮制成型；罍和器形较大的罐口沿用泥条盘筑法，但口、颈部均为轮修。装烧主要使用大型的支烧具，多呈喇叭形，从同出的盂形托垫具来看，当为大型支烧具之上再放置盂形托垫具的复合支烧方式[8]。整个窑址产品的生烧比例相当高，瓷器的脱釉比例亦不低。该窑址烧造技术尚不是十分成熟，大致处于上虞小陆岙类型阶段。

三国东吴前后的窑址以绍兴窑灶头与陶官山窑址为代表。两窑址均位于绍兴城西约 30 千米的夏履乡新民村车水岭。产品以碗、碟为主，壶、罐、盆、钵次之。胎多较灰白，釉色以较纯的青色居多。因胎色灰白，釉色往往青中带灰，色调较为沉静。胎釉结合较好，釉面光滑润泽。以素面为主，少量有弦纹类装饰。窑具主要是大型的筒形支烧具、盂形托垫具与三足钉形、锯齿形的间隔具等[9]。

西晋时期的窑址以绍兴九岩（图 21）、畚箕窝等窑址为代表。畚箕山窑址在绍兴城西南 14 千米的兰亭镇娄家坞村东，烧造的青瓷产品以碗、碟为主，罐、钵、盆次之。流行纹饰装饰，在碗、罐、钵、盆等器物的外口沿下及肩腹部多刻划和压印弦纹、斜方格网纹以及联珠纹。胎色灰白细腻。青釉为主，但略不稳定，有青灰、青黄诸色。窑具主要有筒形支烧具、钵形托垫具与锯齿形间隔具三种[10]。

东晋时期的窑址以绍兴馒头山窑址为代表，包括庙湾窑址。馒头山窑址西距绍兴城约22千米，位于富盛镇青塘村下青塘以东的麻地岙馒头山南坡。产品以各式碗、碟居多，盆、钵、罐、壶次之，盘、砚、虎子较为少见。装饰纹样比较简单，以外口沿下与肩部的弦纹为主，偶见斜方格纹与罐类器物系面模印叶脉纹。少量器物上有点彩装饰，

图22 诸暨排山坞窑址地面堆积

图23 绍兴缸窑山窑址

斑点较大，偶见碗、盘类器物底部用褐彩书简单文字。胎多呈灰白色，质地细腻。青釉均匀而莹润，外壁一般施釉不及底，露胎部分呈灰黄、棕红和棕褐色。少量浅圈足碗施满釉。均为轮制成型，仅耳类附件为接拼而成。窑具有筒形、钵形支烧具和锯齿形间隔具。

南朝的窑址以绍兴庙屋山窑址为代表，位于绍兴县东南14千米的平水镇上灶乡庄前村庙屋山西坡。青瓷产品以碗、碟为主，另有少量壶、罐、盘、钵等。胎多呈浅灰白或灰白色，胎质致密坚实。釉色以青绿为主，青黄次之，已出现施满釉的现象。装饰简单，西晋时的繁缛纹样消失，主要在器物的口、颈、肩部划饰一道或数道粗细不等的弦纹。出现莲花装饰，主要见于盘与碟类器物的内腹部、碗与盘口壶类器物的上腹部与肩部。出现大小不一的点彩装饰，部分器物的底部见有褐彩文字。窑具主要是筒形支烧具、盂形托垫具与锯齿形间隔具[11]。

唐代窑址有诸暨的排山坞（图22）与孤坟仓山窑址。前者位于高湖乡大联村排山坞东麓，后者位于双桥乡廿里村尖坑弄孤坟仓山南坡。器形主要有碗、盘、盏、盘口壶等。胎灰白或青灰色，釉青黄或青灰色，胎釉质量不佳，施半釉，碗类器物内腹亦施半釉。窑具主要是低矮的喇叭形支烧具。时代约为隋至唐代早期。

北宋时期的窑址以官山与缸窑山窑址（图23）为代表。官山窑址位于平水镇上灶村官山，缸窑山窑址位于东湖镇梧桐村缸窑

山。两者面貌较为一致。官山窑址青瓷产品主要有碗、盘、碟、盒、执壶、罐、枕、盏、盏托、熏等。胎质细腻，呈灰白色，青釉莹润，施满釉，胎釉质量较高。流行纹饰装饰，使用刻划花技法，常见题材有缠枝花卉、蝴蝶、飞鸟、莲荷等。使用匣钵装烧，多为 M 形，也有筒形。匣钵与器物之间使用垫圈，垫圈与器物再以泥条间隔。时代为北宋中期前后。

绍兴地区的嵊州市马面山北宋窑址产品质量相对略差，时代可能为北宋晚期。

四、上虞地区东汉窑址群类型划分与瓷器起源

总体来看，上虞地区东汉时期的窑址至少可以划分成以下几个类型。

（一）馒头山类型

这一时期的窑址数量比较多，以生产硬陶、印纹硬陶、原始瓷等为主，胎质较粗而松，胎色较深。原始瓷烧造技术沿袭本地的传统，器形主要是各种罐、瓿、罍、壶、锺等，仅在器物朝上且没有遮挡的一面有釉，即器物的口沿、颈下部、肩、上腹乃至内底中部；在器物朝下或受遮挡的一面则无釉，如器物的颈上部、下腹以及盘口壶的盘口下等部位。施釉不均匀，凝釉明显，施釉处的中心釉层最厚，向无釉处逐渐变薄乃至消失，不见明显的施釉线。釉色较深。

（二）珠湖类型

以生产硬陶、印纹硬陶、原始瓷与釉陶为主。产品分成三种：第一种即馒头山类型的原始瓷，仅在朝上没有遮挡的部分有釉，凝釉明显，施釉线不清晰。第二种器物的器形、装饰、成型工艺、胎质与胎色等均与第一种近似，但施釉技术发生了根本的改变。使用刷釉技术，器物朝上朝下的部位均施釉，釉层薄，釉色较青翠，但较均匀，施釉不及底，施釉线清晰。部分器物或局部施釉较为草率，仅寥寥涂刷数笔。第三种则与前两种差别较大，胎多呈橘黄色或土黄色，胎质较松软，火候较低，但施釉技术较佳。釉层较厚，施釉均匀，仅外底施釉不及底，釉色普遍较深，呈酱黑色、酱褐色、土黄色等，因器物火候较低而剥釉明显。此类器物与北方低温釉陶在技术面貌上较为接近。

（三）小陆岙类型

本类型有前后演变的过程，早期珠湖类型的第二种产品得到完善，演变成酱褐色釉瓷器及少量的青瓷器。酱褐色釉瓷器主要有罐、罍、锺等，器形普遍较大。普遍流行各种装饰，有网格纹、梳状纹、弦纹、水波纹、

叶脉纹等。胎色普遍较深，胎质较粗而略松。通体施釉，外腹施釉不及底，施釉技术成熟，釉层薄而均匀，施釉线清晰。烧造火候较高，少量胎釉烧结度好，釉玻璃质感较强。生烧及剥釉现象比较严重。青釉器物胎较细而色较浅，釉色泛青或泛黄，火候高，胎釉质量较佳。

晚期以生产酱色釉瓷器为主，仍有较多的硬陶，但印纹明显减少，青釉器物的比例明显增加。酱色釉瓷器以罐、罍、瓿等器形巨大的器物为主。胎釉质量有所提高，这与火候的提高密切相关，胎质更加致密，釉玻璃化程度提高，胎釉结合更好。青釉器物不仅比例明显增加，且质量进一步提高，除泛灰或泛黄色的青釉外，青绿色釉的比重明显增加。

（四）小仙坛类型

基本为青瓷产品，酱褐色釉瓷器仅在少量窑址中有发现，多数窑址纯烧青瓷产品。无论是青瓷还是酱褐色釉瓷器的质量均有了质的飞跃。其中青瓷产品胎色灰白，质地细腻坚致，釉色青翠，施釉均匀，釉层透明，玻璃质感强，吸水率低，完全跨入了成熟青瓷的行列，成为成熟青瓷的标志。而酱褐色釉瓷器几乎演变成早期的黑釉瓷器，虽然胎色较深，但与青瓷一样施釉均匀，玻璃质感强，胎釉结合好。装饰上以素面为主，流行较为简洁的弦纹、水波纹等，出现铺首装饰，

并有一定数量的俑类圆雕器物。器形主要有罐、锺、洗、盘口壶等。

（五）禁山类型

纯烧青瓷产品，胎釉质量高，完全属于成熟青瓷或黑釉瓷器的范畴。器类上除早期的罐、洗、盘口壶外，新出现大量的碗，锺较为少见。装饰以素面为主，偶见少量的细弦纹、水波纹以及铺首、系等。装烧上的一大变化是大量使用三足支钉形间隔具，不仅大大提高了产量，也使碗类日常用器成为瓷器烧造的主要门类，这应该是瓷器成为日常用品的重要标志与转折。

（六）帐子山类型

产品包括青釉与黑釉瓷器两种。器形主要有碗、罐、宽沿洗、方唇洗、双唇罐、盘口壶、罍等。碗类器物占多数，因此器物总体上以素面为主，但罐、洗、罍、盘口壶等器物常见有纹饰装饰，包括弦纹、水波纹、梳状纹、网格纹、叶脉纹以及铺首等。青釉类器物胎质较细而坚致，胎色较浅而呈灰白色。黑釉类器物胎色较深，呈灰、深灰或灰黑色，胎质普遍较粗，有较多的细小砂粒。火候较高，施釉均匀，胎釉结合好，玻璃质感强，烧结度高。尤其是黑釉类产品，是目前已知东汉时期质量最高的产品。窑具主要有筒形支烧具、两足支烧具以及三足钉形间隔具等。从器物的胎釉质量、装烧工艺等方

面来看，该类型的窑址时代可能与禁山类型差不多，属于东汉末期。

以上六个类型的窑址，禁山类型与帐子山类型可能属于同一时期，其他类型在产品的器形、质量和装烧方式等方面存在明显的区别，代表不同的时期。六个类型的窑址代表了瓷器起源并逐渐成熟这一发展过程中的五个阶段，小仙坛类型标志着中国成熟青瓷的烧制成功。

东汉晚期，中原地区几经战乱，社会生产力受到严重破坏，大量的人口南下，带来了先进的社会生产力，极大地促进了江南地区社会、经济与文化发展。以小仙坛窑址为代表的江南地区东汉时期成熟青瓷制瓷业，正是在此种南北文化激荡、江南地区社会经济文化蓬勃发展的条件下，结合越地悠久的制瓷传统而形成的。

江南地区的经济文化在东汉晚期因大量北人的南来而得到了第一次较大规模的开发，又因东吴时期相对稳定的政治环境而得到了进一步的发展，瓷器制造业也迎来了第一个发展的高峰。凤凰山窑址高质量青瓷的烧造，正是这一地区社会安定富足的直接体现。

五、瓷器起源过程中的外来文化因素

（一）秦汉原始瓷的基本特征

浙江地区的制瓷业可以追溯至夏代晚期，成熟于商代，发展于西周，兴盛于春秋，鼎盛于战国早中期，战国晚期逐渐衰落。从夏至战国早中期，制瓷业基本沿着上升的轨道在发展，这一时期的原始瓷胎釉质量较东汉以来的成熟青瓷略逊一筹。但战国原始瓷与东汉成熟瓷器之间窑业技术并非直线上升，两者之间还存在着一种传统上称为高温釉陶、现在更多称为原始瓷的瓷器类型。为了区别先秦时期的原始瓷，我们暂且称之为秦汉原始瓷。

秦汉原始瓷分布范围与先秦时期的原始瓷基本一致，主要集中在以浙江为中心的长江下游地区，包括浙江以及闽北、赣东、皖东南、苏南等地，在长江中游及北方地区亦有少量发现。北方地区出土秦汉原始瓷的墓葬一般规格比较高，如徐州狮子山楚王墓等。

秦汉原始瓷类器物的造型与组合始于战国末期，盛行于西汉至东汉中期，东汉晚期后逐渐为成熟青瓷所取代。器形主要有鼎、瓿（图 24）、壶（图 25）、罐、盒、钫、长颈壶、博山炉等，许多器物体形巨大。装饰较为复杂，尤其是西汉晚期，常见在器物的肩与颈部装饰有大量的云纹、鸟纹、水波纹等。胎色差别较大，以青灰色为主，包括青黄、灰白等，胎质较粗，常夹杂有大量的黑色、白色细砂粒，部分器物还夹杂有蚌粒。釉极为特殊，一般仅在朝上没有遮挡的部位有釉，包括器物的口沿、肩等；有遮挡的部位则无釉，如盘口壶外张的盘下部，长颈敞口罐外敞的颈下部，罐、壶等器物的最大腹径以下；而没遮挡朝上的部位除口沿、肩等部位外，内底亦有釉，且带釉的部位通常与口或颈，即能透到底部的孔的直径大小相近。釉呈明显的点状凝釉，釉层极不均匀，有釉部位越是中心釉层越厚，向无釉处逐渐变薄，最后变成极薄的浅灰色星点状凝釉而消失，不见施釉线。装烧工艺上看，有粗陶质高大筒形或束腰形支烧具、圆饼形支垫具、两足形支垫具等，使用支烧具单件支烧，同时使用着地单件支烧方式。

除带较厚青釉的器物外，也有部分器物釉极薄，呈星点状，无玻璃质感，但其施釉部位、施釉方式等与带较厚青釉的器物基本一致。

图24 汉代原始瓷瓿

图25 汉代原始瓷壶

图26 仅在朝上一侧有釉的战国原始瓷壶

图27 东汉时期刷釉的盘口壶

（二）秦汉原始瓷技术源于本地技术传统

战国原始瓷与秦汉原始瓷面貌上虽然差别极大，但存在着渐进式的演变与传承关系。

战国早期的原始瓷胎色浅灰，胎质细腻，火候较高，施釉均匀，通体满釉，装烧用具多样，装烧工艺复杂。战国中期开始出现施釉不及底的现象，土黄色胎器物增加，出现少量器物仅在朝上的一侧有极薄的星点状釉（图26），有釉处向无釉处逐渐过渡，不见施釉线，装烧用具种类减少。到了战国晚期，后一种胎釉技法占据主导地位。

秦汉原始瓷类器物，无论是胎质、胎色，还是施釉部位、施釉方法、釉的形态以及装烧工艺等均与战国中晚期以来的原始瓷基本一致，两者在工艺传统上是一脉相承的，秦汉原始瓷的烧造技术是从战国时期的原始瓷发展而来的。

（三）成熟青瓷起源过程中技术上的跃变——刷釉技术的重新出现

东汉早中期，青釉器物的施釉方式开始发生明显变化。早期的秦汉原始瓷在这一时期仍大量存在，胎色变化不大，但可见明显的人工施釉痕迹，施釉线清晰，施釉虽多不及底，但不限于器物朝上部位，在鼓腹器物的下腹部亦多施釉（图27）。除青黄色釉外，出现较多酱色釉或酱褐色釉。灰白色胎的器物比例增加，此类器物一般火候较高，胎质细腻致密，硬度高，

釉层厚，施釉均匀，青釉玻璃质感强，已接近成熟青瓷。上虞蒿坝永初三年（109年）墓曾出土一批此类器物。这一变化当发生在公元100年前后或更早，处于向瓷器突变的前夕[12]。

刷釉技术的重新出现为成熟青瓷的出现奠定了技术基础，此类器物介于早期秦汉原始瓷与晚期成熟青瓷之间，具有承上启下的重要意义。

（四）刷釉技术重现过程中北方因素影响的可能性

上虞地区有一批东汉时期的器物与传统的秦汉原始瓷和成熟青瓷存在着巨大的区别，其基本特征如下：胎多呈橘黄色或橘红色，部分器物的胎质较为细腻，淘洗工艺较为先进，但仍有部分器物胎中夹杂较多的细砂粒。多数器物胎质较软，与软陶近似，但亦有部分器物胎质较硬，接近于硬陶。釉色多较深，呈酱褐色、黑褐色或青褐色，釉层均匀，凝釉不明显，有清晰的人工施釉痕迹，施釉线整齐，不仅器物朝上部位有釉，器物的下腹部等部位亦见有釉，小口类器物如罐等内底多不见有釉，内腹仅在口沿下有较窄的一圈釉。釉中含铅量极高，但低于北方的低温铅釉陶[13]。器形主要有碗、盘、耳杯、虎子、簋（图28）、五管瓶（图29）、罐、盆、壶、锺等，多数器物在秦汉原始瓷与成熟青瓷中可以找到相似的器形。

从此类器物的胎釉特征与火候来看，可

图28 低温釉陶簋

图29 低温釉陶五管瓶

以称其为低温釉陶。纵观浙江青瓷发展的主体脉络，从夏代开始即烧造高温瓷器，基本一以贯之，高温瓷器是浙江制瓷业的一个基本传统。低温釉陶在浙江本土往前找不到源头，往后亦不见来者，应是某段特定时期的特定器物，很可能是受北方低温铅釉影响而

出现的。

北方的低温铅釉陶在陕西关中地区首先出现，在汉武帝时期仍不多见，大约自汉宣帝以后开始获得比较快的发展，关东的河南等地也有较多的发现。到了东汉时期，铅釉陶流行地域十分广阔，西至甘肃，北达长城地带，东到山东，南抵湖南、江西等地，均有发现。低温铅釉陶以铅的化合物作为基本助熔剂，烧成温度约为700℃，多呈翠绿色或黄褐色、棕红色，器形主要有鼎、盒、壶、仓、灶、井、家畜圈舍、水碓、陶磨、作坊以及楼阁、池塘、明楼等[14]。

浙江的低温釉陶与北方的低温铅釉陶存在许多的相似性：首先，烧成温度较低，胎多为软陶状；其次，施釉均匀，有清晰的施釉线，明确为人工施釉，胎釉结合普遍不太好；第三，釉的成分上较为接近，有较高的铅含量。两者的区别也很明显：首先，浙江釉陶部分器物温度较高，接近于硬陶的火候；其次，釉色差别较大，浙江釉陶多呈较深的褐色，釉中铅的含量亦低于北方釉陶；第三，器形上存在较大的差别。

浙江低温釉陶虽然具备北方低温铅釉陶的许多特征，但亦保留了不少南方本地的传统，应该是在本地制瓷技术的基础上吸收北方低温铅釉陶的技术而出现的。这种技术的引入使浙江秦汉时期原始瓷制作技术发生了巨大的改变：从早期仅在器物朝上一侧有釉、凝釉明显、釉层逐渐过渡而不见施釉线，变为施釉均匀、施釉线整齐清晰、整件器物均

施釉的状态。而这种施釉技术正与成熟青瓷相同。

在这一过程中亦出现了一些复合型的器物，如长兴七女墩出土的一组器物，器形、胎、釉与传统秦汉原始瓷基本一致。器形为壶与罐类。胎色灰白，胎质细腻坚致，火候高，吸水率低。施釉明显，颈上部及腹下部均有釉，釉色青绿，施釉线清晰，有明显的涂刷痕迹，玻璃质感强。施釉较为随意，特别是壶盘口以下的部分，寥寥涂刷数笔，没有形成完全覆盖的均匀釉层，显然是秦汉原始瓷吸收了刷釉技术后向成熟青瓷过渡的一种形态。

在此类过渡器物的基础上，施釉技术进一步改进后即出现了成熟青瓷。成熟青瓷在胎色、胎质、釉色、烧成温度、器形等方面与秦汉原始瓷具有明显的传承性，胎质更加细腻纯净且稳定，釉层更厚，施釉更均匀，釉色更稳定。

六、从绍兴地区纪年墓材料看窑业的发展过程

（一）曹娥江流域在汉六朝时期的突出地位

绍兴地区汉六朝时期的纪年墓，有明确考古资料的，本书共收录50多座，其中曹娥江流域40多座、其他地区仅数座，从区域分布上看，曹娥江流域占了绝大多数。考古当然带有一定的偶然性，但是如此悬殊的差距，至少说明曹娥江流域在汉六朝时期文化发展上的突出地位。

（二）成熟青瓷的起源过程

从时代上看，东汉时期浙江最早的一批纪年墓主要集中于曹娥江流域。这批墓葬的时代主要集中在公元100年前后，随葬器物包括秦汉原始瓷与釉陶两种。秦汉原始瓷主要有罐、壶、锺等；胎有灰白色较细腻与青灰色夹较多黑色斑点两大类；釉仅在器物朝上的一侧有，施釉不均匀，凝釉明显，釉层逐渐过渡而没有施釉线；火候普遍较高。釉陶有簋、罐、盆、耳杯、五管瓶等；橘黄色胎、胎质较软为主，亦见有青灰色较硬的胎；釉有酱褐色、酱黄色、黑褐色等；基本为素面，偶见少量的弦纹等简单装饰。

从纪年墓材料来看，至少在公元80年前后低温釉陶的烧造技术已开始在曹娥江地区出现，而我们亦发现了原始瓷与釉陶同窑烧造的窑址，两者是同时存在的。虽然曹娥江流域的几座东汉时期纪年墓中没有发现成熟青瓷，但从全国范围的纪年墓材料来看，东汉永平十年（67年）江苏甘泉二号汉墓中发现了四件成熟青瓷器，均为罐，短直径，肩部均有四系，颈下有细网格纹，胎为灰白

色，施青绿色或黄褐色釉，腹下部及底部无釉[15]。这一墓葬还出土有原始瓷壶13件，分为盘口与大喇叭口两种类型，紫红色胎，质地坚硬，火候较高，从口部到上腹部朝上的部位有一层黄绿色或黄褐色釉，不见施釉线。其中盘口壶与东汉永元十二年（100年）上虞驮山M31出土的盘口壶十分接近。

从以上材料来看，大约在公元100年前后，浙江地区在烧造原始瓷的基础上吸收北方低温铅釉陶的施釉技术开始烧造成熟青瓷。这一时期成熟青瓷的比例极低，胎以灰白色的细腻胎质为主，但釉色不稳定，除青绿色釉外亦有颜色较深的酱色釉。

而到公元150~200年，成熟青瓷的数量、比例明显增加。如奉化熹平四年（175年）出土一组五件青瓷器，胎釉质量已不逊于晚期的成熟青瓷。

综上所述，我们认为公元100年前后是成熟青瓷的初步发展时期，公元150年以后其作为一个新品种完全成为主流。也就是说，成熟青瓷的起源当在公元100年前。

（三）中国成熟青瓷发展的第一个高峰

从绍兴地区的纪年墓材料来看，公元250~300年前后是中国成熟青瓷发展的第一个高峰。

这一时期墓葬中的青瓷数量多、种类丰富，无论是产品种类、造型、装饰、胎釉质量，均达到了一个全新的高度。产品种类繁多，汉代锺、瓿、罍、五管瓶等已基本不见，

新器形大量涌现，有作为日用器的各种碗、罐、盘、碟、洗、虎子、盘口壶、鸡首壶、簋、耳杯、托盘、勺、水盂、槅、灯盏、烛台、熏炉、砚台等，涉及生产、生活的方方面面。成组成套的明器成为墓葬中最常见的随葬品，有鸡笼、猪圈、狗圈、羊圈、房舍、水井、筛子、畚箕、磨盘、堆塑罐、俑等，在"事死如事生"的观念下，将生前的整套生活用品完整地搬到了地下。

汉代瓷器上的装饰多为弦纹、水波纹等，简洁明朗。三国西晋青瓷一改汉时的硬朗作风，代之以繁缛华丽的风格，造型和装饰极尽复杂多变之能事。造型方面最大的特点是将自然界的飞禽走兽和人世间的世态百相惟妙惟肖地引入各种器形中，如狮形与羊形烛台、蛙、兔、鸟和熊等各种动物形水盂，以及鸽形魁、熊形灯盏、虎形溺器（虎子）、兽形罐、鹰形盘口壶等，此外还有各种男女俑和亭台楼阁，无所不包。装饰上，器物肩腹部流行压印网格纹与联珠纹，再堆贴各种铺首及鸡头、虎头、牛头、佛像、仙人等，盖纽、足、把手等亦做成各种飞禽走兽造型，形态逼真。

胎色灰白细腻。釉色青翠稳定，青中泛绿，釉面莹润饱满，施釉均匀而极少有流釉现象。多数器物施釉不及底或外底不施釉。极少量器物内外满釉，此类满釉器物通常制作特别精细，装饰亦更加华丽，釉更加饱满润泽。

成型上以轮制为主，器形圆润饱满，端庄厚重，胎壁厚薄均匀，内壁轮旋痕整齐均

匀。部分装饰性的附件，如做成动物形的三足、提梁、耳、纽、流以及各种各样的铺首、堆贴等以模印为主，捏塑亦有相当的数量，如堆塑罐上的各种动物与人的造型等。

（四）早期成熟青瓷产品的等级与流向

在我们整理的绍兴地区汉六朝墓葬纪年墓葬中，主要随葬品均为瓷器，数量多，种类丰富，几乎每墓必有。再放大至区域外，情况亦大致如此。宁绍与太湖平原所在的浙北与苏南地区是上虞地区烧造的早期越窑产品的中心分布区，这两个中心区大致以曹娥江所在的绍兴与南京为核心向外展开，在产品上存在着较明显的区别。

绍兴地区出土的早期越窑青瓷数量多，种类丰富，质量亦较高，但窑址中所见的顶级产品几乎不见于这一地区，尤其是一些大型的罐、洗、樽、羊形器等，这些器物通常仅见于南京周边的高等级墓葬中。如马鞍山的朱然墓，该墓葬为前后室结构的大型砖室墓，随葬包括漆器、青铜器、陶瓷器等在内

图30　朱然墓出土羊形器

的140多件器物，其中瓷器有30多件。出土的越窑罐装饰有联珠纹与网格纹，贴塑四个铺首，制作十分精良，胎质极细腻坚致，釉色青绿，莹润饱满，质量为一般的早期越窑青瓷所无法企及。出土的大型钱纹罐亦属较少见器形[16]。朱然家族墓地中出土的一件羊形器，其体量与质量亦少见于其他地区（图30）。朱然出身世家，先后官拜车骑将军、右护军、左大司马右护军，在抗魏战争中功勋卓越，卒于公元249年，孙权为之素服举哀，是东吴最高统治集团成员之一。

此外南京清凉山甘露元年（256年）墓出土的熊形灯、大型羊形器，1975年征集的伏熊水注，以及吴县狮子山西晋元康五年（295年）墓出土的伏兔水注、宜兴周墓墩西晋永宁二年（302年）墓出土的猛兽尊、江宁桥南出土的熊尊、南京西岗果木场出土的羊尊、南京龙蟠里出土的三狮形器、南京中华门外西晋墓出土的鹰形双耳盘口壶、南京府登山西晋墓出土的虎头虎子、南京宝贵山墓葬出土的西晋鸟形器等器物[17]，无论是造型之特殊、装饰之华丽，还是胎釉质量之佳，基本上仅见于南京及其周边地区，显示了这一地区显赫而特殊的政治地位。

从以上墓葬材料，我们可以清楚地将汉六朝，主要是三国西晋时期上虞地区的青瓷产品流向划分成高低两个区域，最高质量的青瓷主要集中在南京及其周边的高等级墓葬中，而大量质量较为普通的青瓷则主要集中在作为产地的绍兴周边宁绍平原区域。

注释:

[1] 汪济英:《记五代吴越国的另一官窑——浙江上虞县窑寺前窑址》,《文物》1963年第1期。

[2] 朱伯谦:《试论我国古代的龙窑》,《文物》1984年第3期。

[3] 浙江省文物考古研究所、萧山博物馆:《浙江萧山前山窑址发掘简报》,《文物》2005年第5期。

[4] 沈作霖、高军:《绍兴吼山和东堡两座窑址的调查》,《考古》1987年第4期。

[5] 绍兴县文物管理委员会:《浙江绍兴富盛战国窑址》,《考古》1979年第3期。

[6] 符杏华:《浙江绍兴两处东周窑址的调查》,《东南文化》1992年第6期。

[7] 沈作霖、高军:《绍兴吼山和东堡两座窑址的调查》,《考古》1987年第4期。

[8] 绍兴县文物保护管理所:《浙江绍兴外潮山、馒头山古窑址》,《江汉考古》1994年第4期。

[9] 周燕儿、符杏华:《绍兴两处六朝青瓷窑址的调查》,《东南文化》1991年第3、4期。

[10] 周燕儿:《浙江绍兴畚箕山、庙屋山古窑址》,《南方文物》1993年第2期;陈万里:《山阴道上访古记》,《瓷器与浙江》,中华书局,1946年。

[11] 周燕儿:《浙江绍兴畚箕山、庙屋山古窑址》,《南方文物》1993年第2期。

[12] 胡秋凉:《长兴七女墩墓葬群清理简报》,《东方博物·第四十三辑》,浙江大学出版社,2012年;吴玉贤:《浙江上虞蒿坝东汉永初三年墓》,《文物》1983年第6期。

[13] 由北京大学杨哲峰先生提供,在此谨表志谢。

[14] 中国硅酸盐学会:《中国陶瓷史》,文物出版社,1982年。

[15] 南京博物院:《江苏邗江甘泉二号汉墓》,《文物》1981年第11期。

[16] 安徽省文物考古研究所、马鞍山市文化局:《安徽马鞍山东吴朱然墓发掘简报》,《东南文化》1986年第3期。

[17] 南京博物院:《江苏六朝青瓷》,文物出版社,1980年。

目 录

上 册

下　册

001

上虞区
东汉永元八年（96年）墓

1993年4月至7月在上虞小越镇（今小越街道）新宅村与祁山村交界的驮山东南麓中坡以下位置清理。"凸"字形券顶砖室墓，方向110°。甬道近方形，长1.59、宽1.54、残高1.65米。墓室为长方形，长4.75、宽2.38、残高2.29米。墓室两侧壁以八顺一丁起基，其上用单砖或双砖纵横间隔错缝平砌，券顶用大型扇面状楔形砖构筑。甬道和墓室前部铺地砖为两横两纵交替平铺。棺床位于墓室后部，长3.7米，砌三层砖，比底砖高出15厘米。墓砖侧面模印"永元八年"纪年铭文，"永元"和"八年"之间隔以钱纹和菱形纹。

墓砖

出土原始瓷五管瓶1件、折肩罐1件，硬陶罍3件、罐1件，泥质灰陶耳杯2件，泥质灰陶灶的附件仅见甑底。此外还有铁环首刀1件。

1. 铁环首刀
上虞博物馆藏
长84、宽2.4～3.8厘米
刀身前窄后略宽，截面呈三角形。

2. 原始瓷五管瓶
上虞博物馆藏
口径5.4、足径11.6、高25.6厘米
主体管的肩部粘贴四个小管，形成五管状，中间一管与主体的器腹相通且高于其他四管。主体管敞口，方唇，粗长颈，肩鼓腹，形似束腰的葫芦。圈足较高。灰胎，胎质坚硬。青黄釉。最大腹径以上有釉，凝釉明显，釉层脱落严重。

3. 硬陶罍（一组）
上虞博物馆藏
直口，短颈，宽平沿上有一道凹槽。通体拍印斜向方格网状纹。红褐胎，胎质较硬。器形与花纹与上虞区东汉永元十二年（100年）墓出土的硬陶罍相近。

4. 硬陶罐
上虞博物馆藏
直口，短颈，颈部有一道内束较深的凹槽，圆肩，下腹弧收，平底略凹。灰白胎，胎质坚硬而细腻。与东汉永元十二年（100年）墓出土的硬陶罐造型一致。

墓葬清理后

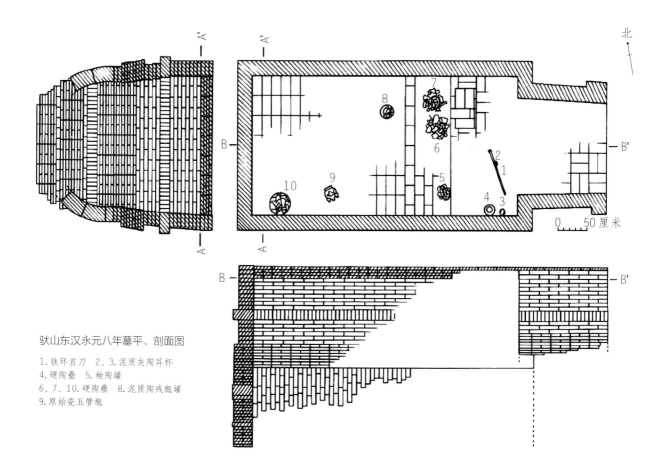

驮山东汉永元八年墓平、剖面图

1. 铁环首刀　2、3. 泥质灰陶耳杯
4. 硬陶罍　5. 釉陶罐
6、7、10. 硬陶罍　8. 泥质陶残瓿罐
9. 原始瓷五管瓶

1. 铁环首刀

2. 原始瓷五管瓶　　　　3. 硬陶罍（纹样拓片）

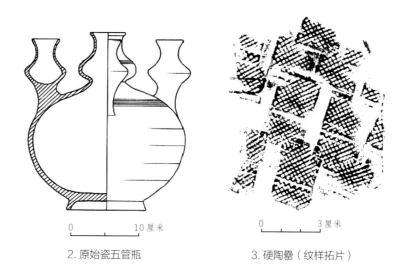

5. 釉陶罐

上虞博物馆藏

口径 10.4、腹径 18、底径 13.8、高 20 厘米

直口，短束颈，斜折肩，直筒形深斜腹，上大下小，平底。肩部划多重水波纹，对称置双竖耳，耳上饰叶脉纹；肩腹相交处及上腹部有数道凹弦纹；下腹部与器底相交处拍印一圈斜向细方格网状纹。土黄色胎。酱色釉。胎釉结合不好，剥釉现象较严重。施半釉，下腹部及外底部不施釉。外底部有垫烧痕。

6. 泥质灰陶耳杯（一组）

上虞博物馆藏

共 2 件。平面呈椭圆形，新月形耳面微上翘，斜浅腹，平底。与上虞区东汉永初六年（116 年）墓出土的釉陶耳杯造型基本一致。

5. 釉陶罐

002　上虞区
东汉永元十二年（100 年）墓

墓砖

1993 年 4 月至 7 月在上虞小越镇（今小越街道）新宅村与祁山村交界的驮山东南麓中坡以下位置清理。刀形券顶砖室墓，方向 105°。甬道长 1.72、宽 1.7、残高 1.42 米。墓室为长方形，长 4.7、宽 2.8、高 2.89 米。墓室两侧壁以单砖错缝平砌，间用三组牙砖加固，高 1.6 米处起券，券顶用大型扇面状楔形砖构筑。铺地砖为单层，两横两纵交替平铺。墓砖侧面模印"永元十二年"纪年铭文，或在"永元"与"十二年"间隔以两个铜钱和竖线菱形纹，或在文字两边各模印一个铜钱纹。

出土原始瓷罐 1 件、五管瓶 1 件、釉陶盆 1 件、罐 1 件，硬陶罐 1 件、罍 1 件、虎子 1 件，泥质陶灶 1 件、井 1 件、吊桶 1 件，铜镜 2 面，砺石 1 块，铁剑 1 把、削 1 把、釜 1 件、镶斗 1 件。其中泥质陶与铁器均完全朽坏，仅剩痕迹。其中一件釉陶罐，原出土报告中称与上虞区东汉永元八年（96 年）墓出土的釉陶罐一致。

墓葬清理后

1. 原始瓷罐

上虞博物馆藏

口径 17.6、底径 16.2、高 22.4 厘米

敞口，短直颈，上有一道内束的凹槽，圆肩，深弧腹斜收，平底。肩部划四圈细凹弦纹，对称置双竖耳，耳上模印叶脉纹。青色胎，胎质较细。青黄色釉，有积釉现象。施半釉，下腹部及外底部不施釉。外底部有垫烧痕。

2. 原始瓷五管瓶

上虞博物馆藏

口径 6.4、足径 13.2、高 27 厘米

假圈足，底略内凹。肩部有两组凹弦纹。主体管和小管腹部以上均施淡青釉，露胎处呈赫红色。

3. 釉陶盆

上虞博物馆藏

口径 28、足径 12、高 10 厘米

敞口，宽折沿，沿面凹弧，折腹，弧腹斜收，圈足较宽。上腹部划四圈细凹弦纹。土黄色胎，胎质较粗。酱色釉，局部剥釉。内腹满施釉，外施釉至足端，外底部露胎无釉。

4. 硬陶罐

上虞区博物馆藏

口径 11.4、底径 10.4、高 15 厘米

直口，短颈，圆折肩，深弧腹斜收，平底。青灰胎，胎质较粗。口部深刻凹弦纹两圈；肩部对称置双竖耳，一残，耳上模印叶脉纹；肩部、肩腹相交处、腹部划细凹弦纹多圈。

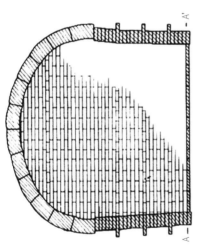
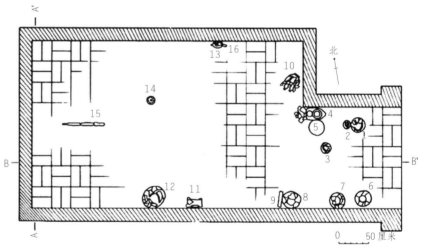
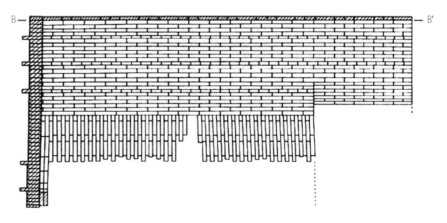

驮山东汉永元十二年墓平、剖面图

1.原始瓷罐　2.泥质陶吊桶　3.硬陶罐
4.泥质陶灶　5.铁镶斗　6.釉陶盆
7.釉陶罐　8.泥质陶井　9.砺石
10.原始瓷五管瓶　11.硬陶虎子
12.硬陶罍　13、14.铜镜　15.铁剑
16.铁削

1. 原始瓷罐

2. 原始瓷五管瓶

3. 釉陶盆

4. 硬陶罐

5. 硬陶虎子

上虞博物馆藏

长 23.4、宽 16、高 19.4 厘米

茧形，伏虎状，背上有提梁，底有四矮足，前腹圆
弧，后壁平直。提梁作绳索状。圆口上翘。前壁饰
同心圈纹与水波纹。

5. 硬陶虎子

6. 铜镜

上虞博物馆藏

直径 18.5 厘米

三角宽缘，上饰云气纹。球形纽，方栏。内区四乳
丁间有浮雕四神兽，饰有羽人像。

7. 铜镜

上虞博物馆藏

直径 13.4 厘米

龙虎镜。镜内区有青龙、白虎各一，外圈有铭文，可辨"兰氏作四夷镜，多贺国家人民息"等十四个字。

8. 硬陶罍

上虞博物馆藏

口径 20.6、底径 13、高 28 厘米

直口，平沿，尖唇，圆鼓腹，平底。肩部以下拍印斜向细方格网状纹。略生烧，胎呈灰红色。

9. 砺石

上虞博物馆藏

长 24、宽 10、厚 6 厘米

砂岩制作。除一面有使用痕迹较光滑外，其余三面均没有使用痕迹，表面粗糙。

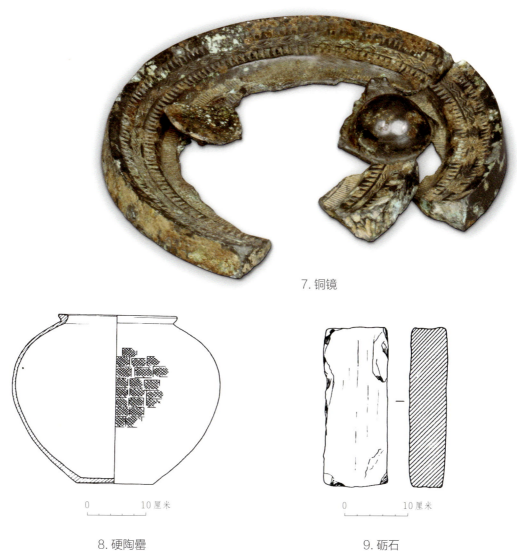

7. 铜镜

0   10 厘米

0   10 厘米

8. 硬陶罍　　　　　　　　9. 砺石

003 上虞区
东汉永初三年（109年）墓

1973年3月在上虞蒿坝公社后旺大队（今梁湖街道南穴村）狗尾巴山南麓清理。刀形券顶砖室墓，方向180°。由甬道和墓室两部分组成，全长5.96米，墓底距地表约3米。墓室长4.7、宽2、残高0.92~1.32米，分前后两室。前室长1.82米；后室为棺床，长2.88米，底部略高于前室。墓后壁与左右两壁以平砖错缝横砌，厚18厘米，前壁厚度加倍。墓底铺地砖为一层平砖平铺，砖向与墓壁平行或垂直，但底砖排列不规则。墓室前室与甬道底砖下有排水暗沟直通墓外。墓砖铭文有三种，包括"永初三年八月作大（太）岁在己酉""永初三年八月孟氏作瓦辟（其）己酉""永初三年七月作长尺七寸广八寸"。

出土原始瓷罍1件，硬陶锺1件，釉陶五管瓶1件、罐3件、簋1件、钵1件、耳杯13件，以及铁刀1件、镰斗1件。铁器锈蚀严重。

1. 原始瓷罍

上虞博物馆藏

口径20、底径17、高28厘米

近直口，宽沿，短直颈，圆肩，鼓腹，平底。肩腹相交处划凹弦纹多圈，下腹部通体拍印斜方格纹。灰白胎，胎质较粗。青黄釉，仅上部施釉，剥釉现象严重。

2. 硬陶锺

上虞博物馆藏

口径15.2、足径17、高34厘米

盘口，喇叭形长颈，圆肩，扁圆腹，高圈足微外撇。肩部对称置双竖耳，耳上模印叶脉纹；肩及上腹划多圈凹弦纹。灰褐胎，胎质较粗。黄釉，仅上部施釉，剥釉现象严重。

3. 酱黄色釉陶五管瓶

上虞博物馆藏

腹径21、足径13、通高37.3厘米

残。原由上中下三部分构成，现仅存下部。下腹圆鼓，饼足。上下两部分相交处贴附三个熊形兽。土黄色胎，胎质较粗。酱黄色釉，有积釉和流釉现象。通体施釉，外底部露胎无釉。

1. 原始瓷罍

4. 酱黄色釉陶耳杯（一组）

上虞博物馆藏

长约 10、宽约 6、连耳宽约 8、高 3.7 厘米，
底长 5.8、宽 3 厘米

共 9 件。整体呈椭圆形。器身敞口、扁圆腹，外口沿下贴塑双耳，微上翘，平底。黄胎，胎质粗。酱黄色釉，剥釉现象严重。通体施釉，外底部露胎无釉。

5. 酱黄色釉陶罐

上虞博物馆藏

口径 20.5、底径 18.5、高 22 厘米

直口微敞，短束颈，圆溜肩，鼓腹较深，平底。肩部对称置双竖耳，上模印叶脉纹；肩腹相交处划两圈凹弦纹。黄胎，胎质较粗。酱黄色釉。施半釉，外施釉至足端，外底部露胎无釉。

6. 酱褐色釉陶罐

上虞博物馆藏

口径 12.8、底径 12、高 17 厘米

直口微敞，短束颈，圆溜肩，鼓腹较深，平底。肩部对称置双竖耳，上模印叶脉纹；肩部划两圈凹弦纹。灰黄胎，胎质较粗。酱褐色釉，剥釉现象严重。施半釉，外施釉至足端，外底部露胎无釉。内有蚌壳。

7. 酱黄色釉陶罐

上虞博物馆藏

口径 15、底径 11、高 16.5 厘米

敞口，宽沿外翻，束颈，圆溜肩，鼓腹较深，平底。肩部划两圈凹弦纹，对称置双竖耳，耳上模印叶脉纹。土黄色胎，胎质较疏松。酱黄色釉，剥釉现象严重。

2. 硬陶锺

8. 酱褐色釉陶簋

上虞博物馆藏

口径 20、足径 12.4、高 13.6 厘米

弧敛口，弧腹斜收，高圈足外撇。外口沿下及下腹部各划凹弦纹双圈。土黄色胎，胎质较疏松。酱褐色釉，局部剥釉。通体施釉，外底部露胎无釉。

9. 酱褐色釉陶钵

上虞博物馆藏

口径 17.4、足径 10、高 8.3 厘米

弧敛口，弧腹斜收，饼足。外口沿下划凹弦纹一圈。

土黄色胎，胎质疏松。酱褐色釉，局部剥釉。施半釉，外施釉至足端，外底部露胎无釉。

10. 铁刀

上虞博物馆藏

残长 31、前端宽 2.4、后端宽 3、背厚 1 厘米

单面刃，刃部锋利，两端残，仅存中段。

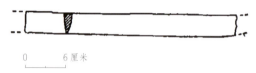

0   6 厘米

10. 铁刀

3. 酱黄色釉陶五管瓶

4.酱黄色釉陶耳杯（一组）

5.酱黄色釉陶罐

6. 酱褐色釉陶罐

7. 酱黄色釉陶罐

8.酱褐色釉陶簋

9.酱褐色釉陶钵

004

上虞区
东汉永初六年（112年）墓

1993年4月至7月在上虞小越镇（今小越街道）新宅村与祁山村交界处的驮山东南坡清理发掘。墓葬平面呈刀形，方向110°。甬道长1.55、宽1.17、残高0.53米。墓室长4.85、宽2.18、残高1.47米。券顶已坍落，墓壁也有不同程度的倒塌。墓壁砌法以三顺一丁起基，其上用六顺一丁、五顺一丁两组，丁砖比顺砖宽一倍，顺砖在转角处相互咬合。墓底

砖单层，两横两纵交替平铺。墓砖长34、宽17、厚3.5厘米。

随葬器物13件，包括釉陶虎子1件、三足罐1件、耳杯7件、泥质灰陶井1件、盆1件、釜1件，铜带钩1件。其中泥质灰陶盆与釜是明器灶上的附件。

1. 釉陶虎子

上虞博物馆藏

长26、宽10～12、高19厘米

器身呈茧形，前端较圆，后端较平，背上有提梁。整器作老虎蹲踞状，虎头侧视，与器口呈直角，圆嘴努张，背部两侧阴刻交叉斜线纹，后部阴刻虎尾。红褐胎。青绿釉。

1. 釉陶虎子

2. 釉陶三足罐

上虞博物馆藏

口径 8.2、底径 12.4、高 11.8厘米

敛口，鼓腹，平底，底部有三矮兽足。肩部置对称的半环形耳，篦划多重水波纹，水波纹上下各饰一道弦纹。浅红褐胎。黄绿釉，胎釉结合较差而剥釉严重。

3. 釉陶耳杯（一组）

上虞博物馆藏

口径 6～12、底径 3～7、高约 3厘米

共 7件，大小与器形基本一致。平面呈椭圆形，新月形耳面微上翘，浅斜腹，平底。器内外均施釉，外腹施釉不及底。胎呈黄褐色或灰褐色，较为致密。釉色以青黄色居多，少量呈青绿色，釉层较厚。

2. 釉陶三足罐

3. 釉陶耳杯（一组）

3-1

3-2

3-3

3-4

3-5

4. 泥质灰陶井

上虞博物馆藏

口径 12、底径 12.5、高 10.2 厘米

敛口，平沿，尖唇，直筒形腹，平底略内凹。上
腹饰数道凹弦纹，中间篦划较浅的多重水波纹。

5. 铜带钩

上虞博物馆藏

长 8.4、宽 2、高 2.3 厘米

琵琶形。钩作蛇头状，钩身正面有花纹，两侧为云
气纹和菱形纹，内刻"永初六年五月……丙午"十
余字铭文。

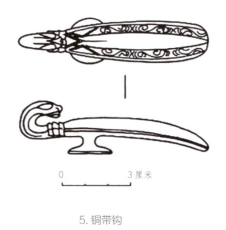

0　　　　　3厘米

5. 铜带钩

4. 泥质灰陶井

**005 绍兴市
东汉建安十年（205年）墓**

墓葬出土情况不明。

重列神兽铜镜

绍兴市博物馆藏

直径 14.8、厚 0.6 厘米，纽直径 4.8 厘米

半圆形纽大而圆，联珠纹纽座。镜背为三段重列神兽纹，上段四神，中段两神三兽，下段一神一侍三兽。周铭："吾作明镜，幽□宫商，周罗容象，五帝天皇，白牙弹琴，黄帝除凶，朱鸟玄武，白虎、青龙，服者豪贵，延寿益年，子孙番。建安十年造。"平缘，其上饰双线连环纹。

006

新昌县
东汉建安二十年（215年）墓

1981年3月发现并清理。墓葬位于新昌县拔茅村与拔茅收购站之间，104国道左侧一处低凹处田畈中，系当地农民重砌田坎时发现。墓室已被泥土淤积，墓葬形制不详。经简单清理，出土青铜镜1面。

重列神兽铜镜

新昌博物馆藏

直径12、厚0.4厘米

圆形。扁平大圆纽，平缘斜边。主题纹饰为浮雕神兽。三角内缘内有锯齿形纹饰带，沿带有半圆形、矩形纹饰各十二块相间排列，半圆形内有草纹，矩形内有铭文。周缘有一组铭文："建安廿年十二月九日辛卯日作十五□□□□□拾石富贵老寿夫妻宜子孙女妻八九一舍己左右复以择十妇当得良者吉也。"

嵊州市
007
三国吴太平二年（257年）墓

1987年12月在嵊县浦口镇（今嵊州市浦口街道）四村大坟山清理。券顶砖室墓，方向342°。墓室全长7.72米。甬道长1.4、宽0.9、高0.84米。前室进深1.9、横长4.4、残高1.5米。券顶已塌。为横拱券式。室内东、西、北三面砖砌二层台，高0.26、宽0.6米。南壁过道两旁，离铺地砖0.58米、0.66米处各砌有一方砖刻墓志。过道长1.14、宽1.04、高0.94米。过道口用砖砌封门。后室长3.28、宽1.64、残高1.28米。墓壁自铺地砖起，错缝平砌九层，侧砌一砖，以上均错缝平砌。甬道、前室、过道铺地砖因墓壁下沉而中间拱起。墓室中未发现尸骨和葬具，仅存几枚铁棺钉。器物放置规整，无盗掘迹象。墓砖有长方形、刀形两种。砖平面模印杉叶纹或人形纹，侧面有龙凤纹、半圆纹、钱纹、鱼纹、网纹和"番氏"铭文，端面模印一人持戈图及朱雀纹、钱纹等。砖刻墓志两方，均出于前室南壁，大小相同，长36、宽18、厚5厘米，侧面模印龙凤纹、鱼纹、钱纹，端面印钱纹、龙纹和一人持戈图，平面刻志文"太平二年岁在丁丑七月六日建中校尉会稽剡番亿作此基图冢师未洗所处"。前室西侧一方缺"基""所"二字。"番"应是"潘"的简笔字。"未"似简略一撇，应为朱字。

出土青瓷堆塑罐1件、罍2件、蛙形水盂1件、火盆镶斗1件、熏炉1件、罐5件、鬼灶1件、盘1件、耳杯1件、勺1件、碗10件、井1件、砖刻墓志2件、黛板1件，以及铜钱等共36件器物。

1. 青瓷罍
嵊州市文物管理处藏

口径23.8、腹径41.4、底径15.5、高30.6厘米
方唇，直口，短颈，丰肩，圆鼓腹，平底微内凹。

外腹满饰拍印纹。灰胎。青釉微泛黄。施釉不及底，外施釉至下腹，外底部露胎无釉。

2. 青瓷罍
嵊州市文物管理处藏

口径20.7、腹径40、底径13.8、高31.6厘米
方唇，直口，短颈，丰肩，圆鼓腹，平底微内凹。肩部划凹弦纹一圈。灰胎。青黄釉，剥釉现象严重。施釉不及底，外施釉至下腹，外底部露胎无釉。

3. 青瓷罐
嵊州市文物管理处藏

口径13.3、腹径22.3、底径12、高15.6厘米
圆唇，直口，短颈，丰肩，圆鼓腹，平底微内凹。颈肩相交处对称贴双横耳上耸。肩部、上腹部、上下腹相交处、下腹部划凹弦纹多圈。灰胎。青釉，有积釉现象。通体施釉，唯外底部露胎无釉。

4. 青瓷罐
嵊州市文物管理处藏

口径10.7、腹径17.3、底径9.2、高11.5厘米
直口，短颈，丰肩，圆鼓腹，平底微内凹。肩部划凹弦纹双圈，对称贴双竖耳；下腹部划多圈凹弦纹。灰胎。青釉泛黄，剥釉现象较严重。施釉不及底，外施釉至下腹，外底部露胎无釉。

5. 青瓷罐
嵊州市文物管理处藏

口径14.2、腹径23、底径8.4、高16厘米
直口，短颈，丰肩，圆鼓腹，平底微内凹。肩部划凹弦纹双圈，对称贴双竖耳，耳上模印叶脉纹。灰胎。青釉泛黄，有积釉现象，一侧剥釉现象严重。施釉不及底，外施釉至下腹，外底部露胎无釉。

6. 青瓷罐
嵊州市文物管理处藏

口径13.1、腹径21.5、底径8、高14.6厘米
直口，短颈，丰肩，扁圆腹，平底微内凹。肩部划凹弦纹多圈，对称贴双竖耳，耳上模印叶脉纹。灰胎。青黄釉。施釉不及底，外施釉至下腹，外底部露胎无釉。

1. 青瓷罍

2. 青瓷罍

3. 青瓷罐

4. 青瓷罐

5. 青瓷罐

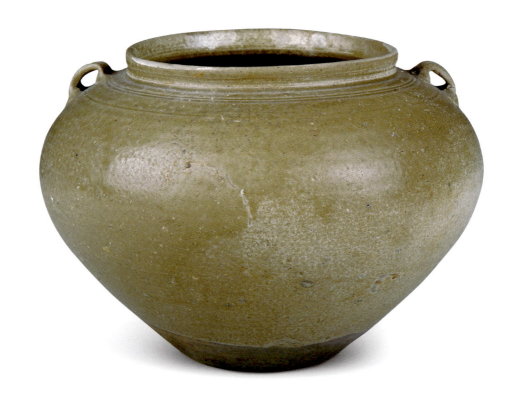

6.青瓷罐

7. 青瓷小罐

嵊州市文物管理处藏

口径6.3、腹径11、底径4.6、高6.8厘米

直口，短颈，丰肩，圆鼓腹，平底微内凹。肩部划凹弦纹双圈，对称贴塑双竖耳。灰胎。青黄釉，剥釉现象严重。施釉不及底，外施釉至下腹，外底部露胎无釉。

8. 青瓷堆塑罐

嵊州市文物管理处藏

腹径27、底径13.8、通高45厘米

由上下两部分组成。上部中间置一大罐，周围对称置四小罐，罐上贴塑飞鸟、熊形兽、胡人俑等。下部圆鼓腹较深，上腹戳小圆孔，孔处有小泥鳅类贴塑，平底微内凹。灰胎。青釉，有明显刷釉痕迹。施釉不及底，外施釉至下腹，外底部露胎无釉。

9. 青瓷熏炉

嵊州市文物管理处藏

口径12.5、腹径22.2、底径12.2、高15.6厘米

直口，短颈，溜肩，扁圆腹，平底微内凹。颈肩相交处贴双泥条横系，肩部与腹部划多圈凹弦纹。腹部镂三圈小圆孔。灰胎。青釉。施釉不及底，外施釉至足端，外底部露胎无釉。

10. 青瓷井

嵊州市文物管理处藏

口径10、底径9.2、高16.5厘米

直口微敞，圆溜肩，筒形深腹，上大下小，平底。灰胎。青釉微泛黄，剥釉现象较严重。施釉不及底，外施釉至下腹，外底部露胎无釉。

7. 青瓷小罐

8. 青瓷堆塑罐

9. 青瓷熏炉

10. 青瓷井

11. 青瓷蛙形水盂

嵊州市文物管理处藏

口径 2、腹径 8.4、底径 3.9、高 5.1 厘米

直口，短颈，扁圆腹，腹部堆塑呈青蛙状，平底。灰胎。青黄釉，满布小开片。施釉不及底，外施釉至下腹，外底部露胎无釉。

12. 青瓷火盆镳斗

嵊州市文物管理处藏

火盆口径 17、底径 10、高 5.6 厘米，通高 8.9 厘米

火盆敛口，斜弧腹，平底，下承三枚三角形短足。外腹划多圈细弦纹，对称置双柄。灰胎。青釉泛黄，剥釉现象较严重。内心处有三处叠烧痕。外底部露胎无釉。

镳斗敞口，束颈，浅弧腹，平底，下承三足。外腹划多圈凹弦纹，一侧贴塑一圆柱形长柄。灰胎。青釉。通体施釉。

13. 青瓷盘、耳杯与勺

嵊州市文物管理处藏

盘口径 24.6、底径 14.4、高 3.4 厘米

耳杯长 8.1、宽 6.3、高 2.3 厘米

勺长 11.1、宽 4.1 厘米

盘，敞口，浅弧腹，平底内凹。外腹有多圈不规则弦纹，内心划细弦纹两圈。灰胎。青釉泛黄，有积釉、流釉现象。外底部露胎无釉。

耳杯，共 5 件，整体呈椭圆形。器身敞口，浅弧腹，平底。外口沿下贴塑双耳，微上翘。灰胎，胎质粗。青灰釉，剥釉现象严重，有积釉、流釉现象。外底部露胎无釉。

勺，生烧，可能釉未烧出。土黄色胎。

14. 青瓷鬼灶

嵊州市文物管理处藏

长 28、宽 16.4、高 14.5 厘米

整体呈船形，前尖后方。火门设在后部。顶部置两灶眼，上各置一釜。灶面划交错直线纹，形成若干菱形纹。灰胎。青釉微泛黄，剥釉现象较严重。

15. 青瓷碗（一组）

嵊州市文物管理处藏

口径 15.4、底径 7.2、高 5 厘米

共 5 件。敞口近直，浅弧腹，平底内凹。外口沿下划凹弦纹两圈，内心划弦纹双圈。灰胎，胎质较粗。青釉微泛黄。施釉不及底，外施釉至下腹，外底部露胎无釉。内心处有叠烧痕。

16. 青瓷小碗（一组）

嵊州市文物管理处藏

口径 8.1、底径 4.4、高 2.8 厘米

共 5 件。敞口近直，浅弧腹，平底内凹。内心划弦纹一圈。灰胎。青釉泛黄。施釉不及底，外施釉至下腹，外底部露胎无釉。内心处有叠烧痕迹。

17. 黛板

嵊州市文物管理处藏

长 17.3、宽 13.3、厚 0.5 厘米

长方形扁平板状，上有一圆首方柄的研磨器。

18. 砖墓志

嵊州市文物管理处藏

长 36、宽 18、厚 5 厘米

长方形。平面刻志文直书六行，每行三至七字不等，共 29 字，隶书"太平二年岁在丁丑七月六日建中校尉会稽剡番亿作此图冢师未洸处"。

19. 砖墓志

嵊州市文物管理处藏

长 36、宽 18、厚 5 厘米

长方形。平面刻志文直书六行，每行三至七字不等，共 31 字，隶书"太平二年岁在丁丑七月六日建中校尉会稽剡番亿作此基图冢师未洸所处"。

11. 青瓷蛙形水盂

12. 青瓷火盆鐎斗

13. 青瓷盘、耳杯与勺

14. 青瓷鬼灶

15. 青瓷碗（一组）

16. 青瓷小碗（一组）

17. 黛板

18. 砖墓志

19. 砖墓志

008 上虞区 三国吴太平三年（258年）墓

1992年在上虞驿亭镇谢家岸后头山清理。刀形券顶砖室墓，方向270°。甬道偏于墓室左侧，长1.4、宽0.87米，券顶内高1.42米。墓室长4.32、宽1.61、高2.1米。墓壁砌法为五顺一丁。墓室后壁有壁龛两个，龛宽12、高13、深8厘米。墓室后侧有长3.2米的棺床，棺床以二横二竖方法砌筑。铺地砖以"人"字形铺砌。甬道口设砖砌下水道。墓砖铭文为"太平三年"。

该墓早年被盗，出土青瓷槅、碗、盏等4件器物。

1. 青瓷槅

上虞博物馆藏

口径22.2、高4.5厘米

失盖，仅余器身。子口，直口，直腹，圈足。分为内外两圈，内圈不分格，外圈平分为八格。黄胎，胎质较粗。青黄釉，剥釉现象严重。

2. 青瓷碗（一组）

上虞博物馆藏

口径8.6、底径4.9、高2.8厘米

口径8、底径4.7、高2.9厘米

共2件。敞口，斜曲腹，平底。外口沿下划凹弦纹一圈。灰胎，胎质较粗。青釉泛黄，局部开片。施半釉，外施釉至足端，外底部露胎无釉。内心处有叠烧痕。

1. 青瓷槅

2-1

2. 青瓷碗（一组）

2-2

009

嵊州市
三国吴永安二年（259年）墓

墓葬位于嵊州市石璜镇下村。墓葬形制不明。

1. 青瓷双唇罐
嵊州市文物管理处藏

外口径17.3、内口径9.5、腹径24.7、底径11、高21厘米

双唇，束颈，溜肩，圆鼓腹，平底。肩部划三圈凹弦纹，对称置双竖耳、贴模印铺首衔环，竖耳上拍印叶脉纹。灰胎。青黄釉。施釉不及底，外施釉至下腹，外底部露胎无釉。

2. 青瓷碗
嵊州市文物管理处藏

口径16、底径9、高5.6厘米

敞口近直，浅弧腹，平底微内凹。外腹划凹弦纹双圈，内模印斜方格纹带一圈；内心划凹弦纹一圈。灰胎。青釉。施釉不及底，外施釉至下腹，外底部露胎无釉。内心有六处叠烧痕。

3. 青瓷碗
嵊州市文物管理处藏

口径16.2、底径8、高5.3厘米

敞口近直，浅弧腹，平底微内凹。外腹划凹弦纹双圈，内模印斜方格纹带一圈；内心划凹弦纹一圈。灰胎。青黄釉，剥釉现象严重。施釉不及底，外施釉至下腹，外底部露胎无釉。内心有六处叠烧痕。

4. 青瓷碗
嵊州市文物管理处藏

口径9.9、底径4.6、高3.6厘米

敞口近直，浅弧腹，平底微内凹。外腹划凹弦纹多圈，内心划凹弦纹一圈。灰红胎。青黄釉。施釉不及底，外施釉至下腹，外底部露胎无釉。

1. 青瓷双唇罐

2.青瓷碗

3.青瓷碗

4. 青瓷碗

010 嵊州市
三国吴永安六年（263 年）墓

1987 年 2 月在嵊县浦口镇（今嵊州市浦口街道）四村大坟山清理。双"凸"字形券顶砖室墓，方向 305°。由甬道、前室、过道和后室四部分组成，墓内总长为 9.561 米。甬道，拱券顶，长 1.82、底宽 1.22、内高 1.3 米。封门墙砌在甬道西端，呈"之"字形斜砌，封门顶上砌双道拱券，起挡土作用。甬道口铺地砖，下居中有排水沟一道，向墓外延伸 4.4 米，排水沟外口叠砌一挡土墙，宽 2、高 0.66、厚 0.21 米。前室，横长方形，进深 1.75、横长 4.02、残高 2.37 米，顶已塌，原为横拱券顶，室内四周砖砌二层台，宽 0.44、高 0.28 米。过道，拱券顶，长 1.59、宽 0.96、内高 1.18 米。过道口横砌三层平砖，原似有封门墙。后室，纵向拱券顶，长 4.4、宽 1.92、内高 1.94 米，向内 0.48 米，铺地砖高出 28 厘米形成棺床。后壁分上下两层砌有四个壁龛，龛宽 24、高 20、深 15 厘米。墓壁砌法均为错缝平砌，壁厚 44 厘米，即一砖之长；券顶用刀形砖，厚 21 厘米，即一砖之宽；铺地砖横直平铺一层，后室棺床铺三层，上下层横直平铺，中间一层作"之"字形侧立。墓砖有长方形、刀形两种。长方形砖长 43、宽 21、厚 6.5 厘米，平面模印杉叶纹或五组同心圆圈纹，圆圈中心是一枚大泉当千钱纹；侧面印有人形纹、钱纹、菱纹等纹饰和"番氏"铭文；端面印有钱纹、鱼纹、直线纹和"永安六年作此冢"铭文。刀形砖长 43、宽 21、一侧厚 6.5、另一侧厚 3.7 ～ 4.7 厘米不等，狭侧印有"永安六年□朱武所可安冢"铭文，其余纹饰与长方形砖相似。

该墓曾被盗，出土青瓷三足樽、火盆镶斗、槅、狗圈、鸡笼、罐、堆塑罐、耳杯、勺、鬼灶、碗等 29 件器物。

1. 青瓷三足樽

嵊州市文物管理处藏

口径 13.4、底径 12 厘米，盇高 8.7 厘米，通高 11.1 厘米

由器盖和器身两部分组成。器身，直口，直腹，平底，下承三蹄足。外腹自上而下依次划凹弦纹、模印斜方格纹带、贴塑铺首衔环及佛像、模印斜方格纹带。器盖，盖面微鼓。顶部中心置一圆柱形纽，以纽为中心，自内而外依次模印花纹带、划凹弦纹、模印斜方格纹带、划凹弦纹、戳印圆圈纹、划凹弦纹。灰胎。青釉泛黄，布满小开片。器身满施釉。口部有泥点间隔痕，外底部有七处泥点垫烧痕。

墓砖

1. 青瓷三足樽

2. 青瓷罐

嵊州市文物管理处藏

口径 13.2、腹径 21.5、底径 9.6、高 17.8 厘米

直口、短颈、溜肩、扁圆腹、平底。肩部划凹弦纹多圈，对称置双竖耳，耳上模印叶脉纹。灰黄胎。青黄釉，剥釉现象严重，有积釉、流釉现象。施釉不及底，外施釉至下腹，外底部露胎无釉。

3. 青瓷槅

嵊州市文物管理处藏

口径 18.8、底径 19、高 3 厘米

子口，直口，直腹，平底。分为内外两圈，内圈不分格，外圈平分为六格。灰胎。青釉。外底部露胎无釉。

4. 青瓷火盆镰斗

嵊州市文物管理处藏

火盆口径 15.4、高 6.2 厘米，通高 7.8 厘米

火盆直口微敞，浅弧腹，平底，下承三蹄足。外腹划多圈细弦纹，对称置双柄。灰胎。青釉。外底部露胎无釉。

镰斗敞口，上腹竖直，下腹浅弧，平底，下承三足。外腹划有多圈凹弦纹，一侧贴塑一圆柱形长柄。灰胎。青釉。通体施釉。

5. 青瓷狗圈

嵊州市文物管理处藏

口径 10.9、底径 9.6、高 6.8 厘米

直口，深直腹，平底。上腹凹弧，下腹镂长方形孔，整齐排列，呈栏杆状。内心贴塑一蹲狗。灰胎。青釉，有开片。

6. 青瓷堆塑罐

嵊州市文物管理处藏

残宽 12、残高 17 厘米

残片。仅余上下部相交处。上部堆塑佛像、飞鸟。下部镂孔。灰胎。青釉，有开片。

7. 青瓷鸡笼

嵊州市文物管理处藏

长 12.8、宽 8.8、高 5.9 厘米

镂空卷棚形，平板基座。灰胎。青灰釉。

8. 青瓷耳杯

嵊州市文物管理处藏

长 8.1、宽 6.3、高 2.3 厘米

整体呈椭圆形。敞口，浅弧腹，平底。外口沿下贴塑双耳，微上翘。灰胎，胎质粗。青灰釉，有开片，有积釉、流釉现象。施釉不及底，外施釉至下腹，外底部露胎无釉。

9. 青瓷勺

嵊州市文物管理处藏

长 6.8、宽 3.3 厘米

灰胎，胎质粗。青釉，有开片。外底部露胎无釉。

10. 青瓷碗

嵊州市文物管理处藏

口径 15.4、底径 8.1、高 5.2 厘米

敞口近直，浅弧腹，平底微内凹。外口沿下划凹弦纹双圈，内心划凹弦纹一圈。灰胎。青釉，剥釉现象严重，有开片。施釉不及底，外施釉至下腹，外底部露胎无釉。内心有三处叠烧痕。

11. 青瓷鬼灶

嵊州市文物管理处藏

釜口径 4.3、底径 4.2、高 3.3 厘米

灶身缺失，仅余一釜一甑。灰胎。青黄釉，有开片及剥釉。施釉不及底，外施釉至下腹，外底部露胎无釉。

12. 青瓷碗（一组）

嵊州市文物管理处藏

口径 16.2、底径 8、高 5.4 厘米

共 8 件。敞口近直，浅弧腹，平底微内凹。外口沿下划凹弦纹双圈，内模印斜方格纹带；内心划凹弦纹一圈。灰胎。青釉，有开片及剥釉现象。施釉不及底，外施釉至下腹，外底部露胎无釉。内心有叠烧痕。

13. 青瓷碗（一组）

嵊州市文物管理处藏

口径 8.1、底径 4.4、高 2.8 厘米

共 10 件。敞口近直，浅弧腹，平底微内凹。内心划凹弦纹一圈。灰胎。青釉，有剥釉现象。施釉不及底，外施釉至下腹，外底部露胎无釉。内心有叠烧痕。

2. 青瓷罐

3. 青瓷槅

4.青瓷火盆鐎斗

5. 青瓷狗圈

6. 青瓷堆塑罐

7. 青瓷鸡笼

8. 青瓷耳杯

9. 青瓷勺

10. 青瓷碗

11. 青瓷鬼灶

12. 青瓷碗（一组）

13.青瓷碗（一组）

嵊州市
三国吴宝鼎二年（267年）墓

011

墓葬位于嵊州市甘霖镇上高村南部祠堂山西麓缓坡上，2009年3月至4月，浙江省文物考古研究所、嵊州市文物管理处联合进行了考古发掘。"凸"字形券顶砖室墓，墓向250°。墓葬由封门、甬道、墓室组成。甬道平面呈长方形，长1.21、宽0.92、高0.95米。墓室为长方形，长4.02米、宽1.72米、残高1.31米。墓底用砖平铺一层，呈"人"字纹。墓壁采用四顺一丁和平砖错缝顺砌法，下部砌两组四顺一丁，上部平砖顺砌起顶。墓室顶部为券顶结构，早年经破坏，已无存。甬道砌法为下部一组四顺一丁，上部平砖顺砌起顶。甬道前端券顶尚存。封门位于甬道口内，采用丁砖"人"字式砌筑法，宽0.92、厚0.4、高0.96米。墓砖分长方形、楔形、梯形三类，砖面均拍印双线十字纹、钱纹、放射线纹组合纹饰，侧面模印"宝鼎二年太岁在丁亥九月辛未月五日□□□□所作"铭文或钱纹加几何形图案组合纹饰，端面模印三个钱纹。长方形砖长40、宽18、厚6厘米，楔形砖长38、宽17、厚3.7～5.7厘米，梯形砖长20.5、宽13.5～17.3、厚5.7厘米。随葬器物多位于墓室前部，计有青瓷盘口壶、洗和硬陶纺轮共3件器物。墓室中后部出土有零散铁棺钉，锈蚀严重，未能提取。

1. 硬陶纺轮

嵊州市文物管理处藏

直径3、高2.7、孔径0.4厘米

算珠形，做工精良，中部穿孔内有残断铁轴。浅灰色胎，质地细密。

2. 青瓷盘口壶

嵊州市文物管理处藏

口径13.6、底径10.4、高22厘米

浅盘口，圆唇，短束颈，丰肩，鼓腹，平底微凹。口外划弦纹两圈；肩部划弦纹四圈，中部阳印网格纹一圈，对称贴附两竖系及两铺首衔环，系面阳印叶脉纹。浅灰色胎，质地细密。青黄釉，局部脱落。口内施釉，外壁施釉不及底。

3. 青瓷洗

嵊州市文物管理处藏

口径24.3、底径12.1、高10.1厘米

宽沿，沿面内弧，敛口，鼓腹，平底微凹。沿面划波曲纹一圈及弦纹两圈；外腹阳印网格纹一圈，近底部饰凹弦纹，外底中部划弦纹一圈；内底外缘划水波纹一圈及弦纹两圈，其内饰连弧篦划纹一圈，底心划旋涡纹。浅灰色胎，质地细密。青黄釉。施釉不及外底。

1. 硬陶纺轮

2. 青瓷盘口壶

3. 青瓷洗

012 上虞区 三国吴天纪元年（277 年）墓

1982 年 2 月在上虞梁湖镇（今梁湖街道）南穴村清理。长方形券顶砖室墓，方向 202°。墓室长 3.72、宽 1.26、残高 0.92 米。墓壁以四顺一丁砌筑，于 0.8 米高处内收起券，墓底铺砖为"人"字形。墓砖有长方形砖、刀形砖两种，长方形砖长 34、宽 15.4、厚 4 厘米。墓后壁有"天纪元年"纪年砖一块。出土青瓷鸡首罐、双耳罐、双耳盘口壶、水盂、簋、堆塑罐、鬼灶、火盆、镂孔罐、牲畜圈、畚箕、米缸、耳杯与托盘、米筛、鸡笼以及银圈、铁剑、铜镜、五铢钱等 19 件器物。

1. 青瓷堆塑罐

上虞博物馆藏

底径 13、通高 45 厘米

由上下两部分组成。上部为堆塑部分，整体为楼阁状，呈上下两层。上层屋顶为四面坡状，中心处出脊，堆塑熊形兽；上下层相交处四角置四小罐，间以堆塑飞鸟；下层门口处对称置双阙，堆塑胡俑。下部为罐体，直口、盘口、短束颈，圆鼓腹较深，平底。腹部划弦纹多圈，上下腹相交处贴塑仙人骑兽装饰纹带一圈，等距置三枚铺首衔环。灰胎，胎质较粗。青黄釉，有积釉、流釉现象。施釉及底，仅外底部露胎无釉。

1. 青瓷堆塑罐

2. 青瓷簋

上虞博物馆藏

口径 21.5、底径 15.2、高 11.2 厘米

直口微敞，上腹斜直，下腹弧收，高圈足外撇。外口沿下划凹弦纹一圈；腹部划凹弦纹多圈，有深有浅；下腹对称置三个铺首。内口沿下划弦纹一圈；内心以三圈凹弦纹为间隔，划三圈水波纹。灰胎，胎质较粗。青灰色釉微泛黄，有细密开片。通体施釉，仅外底部露胎无釉。

3. 青瓷鸡首罐

上虞博物馆藏

口径 5.6、底径 4、高 6.6 厘米

直口，短颈，丰肩，深弧腹斜收，平底微内凹。肩部划凹弦纹多圈，最下方凹弦纹双圈内模印斜方格纹带一圈，对称贴塑双泥条耳和鸡头、鸡尾。灰胎。青黄釉，有积釉、流釉现象，有开片。施半釉，外施釉不及底，外底部露胎无釉。外底有四处圆形支烧痕。

4. 青瓷鬼灶

上虞博物馆藏

长 17.2、宽 11.5、通高 6.5 厘米

整体呈船形，前尖后方。火门设在后部。顶部置两灶眼，上各置一釜。黄胎。青黄釉，剥釉现象严重。

5. 青瓷双系小罐

上虞博物馆藏

口径 7.8、足径 7.6、高 6 厘米

直口，短颈，扁圆腹，假圈足略内凹。肩部置对称的双横系，饰两道细凹弦纹。青灰釉，剥落较严重。

6. 青瓷水盂

上虞博物馆藏

口径 4.5、底径 6.4、高 3.5 厘米

弧敛口，扁圆腹，平底略内凹。口沿处有三道细凹弦纹。通体施青灰釉。

7. 青瓷鸡笼

上虞博物馆藏

长 13.4、底宽 3、高 5 厘米

卷棚形，一侧有宽 2 厘米的平台及两小门，门内各有一鸡，作出舍状。卷棚及平台划斜方格纹。通体施青黄釉，剥落严重。

8. 青瓷火盆

上虞博物馆藏

平沿，尖唇内勾，浅腹，平底。《简报》（即《浙江上虞江山三国吴墓发掘简报》，《东南文化》1989 年第 2 期。下同）称内置鐎斗，是组合出土，通高 5.5 厘米。

9. 青瓷畚箕

上虞博物馆藏

高 2.3、底深 6 厘米

平面呈方形，口呈三角形。青黄釉，有剥釉现象。通体施釉。

10. 青瓷耳杯（一组）

上虞博物馆藏

共 2 件。《简报》称有敞口平底的托盘，内置两耳杯。

11. 青瓷米筛

上虞博物馆藏

口径 8.3、高 1.5 厘米

浅盘圆形，底镂有小圆孔。

2. 青瓷簋

3. 青瓷鸡首罐

4. 青瓷鬼灶

5. 青瓷双系小罐

6. 青瓷水盂

7. 青瓷鸡笼

8. 青瓷火盆

9. 青瓷畚箕

10.青瓷耳杯（一组）

11. 青瓷米筛

013 嵊州市
三国吴天纪二年（278年）墓

1985年5月在嵊县中爱乡（今嵊州市三江街道）小山村缸窑山清理。"凸"字形券顶砖室墓，方向242°。由甬道和墓室两部分组成，通长4.9米。甬道长1.1、宽0.69、残高0.16米，两侧有挡土墙。墓室长3.8、宽1.36、残高0.6米。墓墙厚0.17米。墓壁错缝平砌，用刀形砖券顶，"人"字形铺地砖一层。墓砖尺寸为长36、宽17、厚5.5厘米，长34.5、宽16.5、厚5厘米，长34.5、宽16.5、厚3.5~5厘米，长34.5、宽16.5、厚3~5厘米。墓砖平面饰方格斜线钱纹；侧面饰双鱼间以圆旋纹，两端印"大吉"字样，端面一侧模印鱼纹和"鲤鱼"字样，一侧模印"天纪二年"铭文。出土青瓷钵、罐、碗以及银圈、铜钱等共9件器物。

1. 铜钱（一组）
嵊州市文物管理处藏
直径2.55厘米
五铢钱。

2. 银圈
嵊州市文物管理处藏
直径6厘米

3. 青瓷罐
嵊州市文物管理处藏

2. 银圈

口径12.2、腹径20.3、底径8.6、高14.8厘米
直口，短颈，圆丰肩，深弧腹斜收，平底微内凹。肩部划弦纹双圈，内模印斜方格纹带，对称置双竖耳，耳上模印叶脉纹。灰黄胎。青黄釉，剥釉现象严重。施釉不及底，外施釉至下腹，外底部露胎无釉。

4. 青瓷钵
嵊州市文物管理处藏
口径21.4、底径12.3、高9.5厘米
敞口近直，上腹竖直，下腹浅弧，平底微内凹。外口沿下有大的凹弧一圈；外腹划凹弦纹双圈，内模印花纹带，以直条纹为地饰同心菱形纹。灰胎。青釉，有开片。施釉不及底，外施釉至下腹，外底部露胎无釉。内心有叠烧痕。

5. 青瓷碗（一组）
嵊州市文物管理处藏
口径16.3、底径8.5、高5.5厘米
口径16.3、底径8.9、高5.7~6厘米
共2件。敞口近直，浅弧腹，平底微内凹。外口沿下划凹弦纹双圈，腹部模印斜方格纹带。灰胎。黄釉，剥釉现象严重。施釉不及底，外施釉至下腹，外底部露胎无釉。

6. 青瓷碗（一组）
嵊州市文物管理处藏
口径9.5~11.2、底径5~5.6、高3.4~3.6厘米
共3件。敞口近直，浅弧腹，平底微内凹。外腹素面或划凹弦纹圈，模印斜方格纹带。灰胎。青黄釉。施釉不及底，外施釉至下腹，外底部露胎无釉。

1. 铜钱（一组）

3. 青瓷罐

4. 青瓷钵

5. 青瓷碗（一组）

6. 青瓷碗（一组）

014

绍兴市
西晋太康七年（286年）墓

1984年12月，绍兴县文管所在坡塘乡进行文物普查时，发现当地农民在后家岭北麓开山暴露出砖室墓一座，已有部分砖头被挖去，普查人员随即对该墓进行了清理。

后家岭为一座高20多米的小山岗。该墓依北坡而筑，编号为M308。平面呈"凸"字形，方向236°。由甬道和墓室组成，全长6.2、宽2.2米。甬道长1.8、宽1.04米。墓底和甬道底都用长方形砖砌成"人"字形。墓壁从底层起先用四层长方形砖错缝砌叠，其上作三顺一丁砌成。墓砖长34、宽16、厚4.8厘米。墓砖侧面两端饰有龙纹，中为

四出钱纹。墓砖一端模印"太康七年"，另一端有"钟氏造"字样。

随葬品散乱，所存甚少，多为残器，显然早年已被盗掘。残存青瓷罐2件、洗1件、堆塑罐1件、鸡笼1件、镳斗1件，均为残片。

1.越窑青瓷罐

绍兴市柯桥区博物馆藏

口径21.6、底径12.6、通高21.4厘米

残。直口，平沿，短束颈，圆肩，深弧腹斜收，平底。肩部弦纹双圈内拍印斜方格纹带，对称贴塑铺首衔环、双竖系。灰胎。青釉，有积釉、流釉现象。外施釉至下腹，外底部露胎无釉。

2.越窑青瓷洗

绍兴市柯桥区博物馆藏

口径32、底径18、高10.4厘米

修复。敞口，宽折沿，浅弧腹，平底。外腹中部弦纹双圈内拍印斜方格纹带，对称贴塑铺首衔环；内心刻划同心圆弦纹多圈，弦纹圈内刻划水波纹。灰胎。青釉，局部积釉，有片纹。全器满施釉，外底部露胎无釉。

1. 越窑青瓷罐

2. 越窑青瓷洗

015 嵊州市 西晋太康九年（288年）墓

1985年6月在嵊州石璜镇苕苕山清理。"凸"字形砖室墓，方向74°。由甬道和墓室两部分组成，全长6.8米。甬道长2.2、宽0.74米。墓室全长4.6、宽1.76米。墓室分为前后两室，前室长1.38米，后室长3.27米，后室比前室高0.16米。墓底距地表1.34米。墓壁以三顺一丁组合砌成。铺地砖一层，呈"人"字形。墓砖有长方形和刀形两种。长方形砖长38、宽19.5、厚5.5厘米，有多种纹饰，平面饰四出五铢方格斜线纹，或中间钱纹连直线方格，内饰飞鸟、鱼纹；侧面中间为钱纹，两端饰变体龙纹；端面饰龙纹或素面一"宽"字。刀形砖长38、宽19、厚4.5~5.2厘米，平面饰四出五铢方格斜线纹，侧面有"太康九年""太康九年太岁在戊申七月廿日陆主纪憎"铭文，端面饰双凤、双鸟间以钱纹或"左阳遂右富贵"铭文。

出土青瓷堆塑罐、虎子、鸡笼、猪圈、狗圈、火盆镶斗、盘、耳杯、罍、熏炉、水盂、井、吊桶、鬼灶以及铁刀等18件器物。

1. 青瓷罍
嵊州市文物管理处藏
口径24.5、腹径42、底径16、高3.3厘米
直口微敞，短颈，丰肩，圆鼓腹，平底。外腹拍印钱纹。灰胎。釉完全剥落。施釉不及底，外施釉至下腹，外底部露胎无釉。

2. 青瓷堆塑罐
嵊州市文物管理处藏
腹径27、底径14、通高44厘米
由上中下三部分组成。上部为堆塑部分，中间置一门楼，四角各置一小门楼，间堆塑佛像。中部亦为堆塑部分，堆塑佛像、楼阙、龟驮碑，碑上刻有铭文，分三行直书"出始宁用此口女口宜子孙作吏高迁众无极"。下部为罐体，圆鼓腹较深，平底微内凹。上腹对称贴塑人物。灰胎。青釉，剥釉现象严重，有较多开片。施釉不及底，外施釉至足端，外底部露胎无釉。

3. 青瓷虎子
嵊州市文物管理处藏
长25、宽11.5、高17.8厘米
器身近茧形，口部作虎头状，大圆口，管状流上翘，背上置一提梁，后部平而微内凹，底部置四虎足。器身划翅膀纹、凹弦纹。灰胎。青釉泛黄，剥釉现象较严重，有积釉现象。施釉不及底，外施釉至下腹，外底部露胎无釉。

4. 青瓷井、吊桶
嵊州市文物管理处藏
井口径7.2、腹径9.5、底径8.3、高11.4厘米
吊桶口径4.4、底径4.5、高3.8厘米
井敛口，溜肩，筒形深腹，平底。灰黄胎。青黄釉，剥釉现象严重。施釉不及底，外施釉至下腹，外底部露胎无釉。

吊桶直口，折肩，筒形深腹，平底。肩部对称戳两圆孔。灰黄胎。青黄釉，剥釉现象严重。施釉不及底，外施釉至下腹，外底部露胎无釉。

5. 青瓷鬼灶
嵊州市文物管理处藏
长16.3、宽10.4、高8.6厘米
整体呈船形，前尖后方。火门设在后部。顶部置两灶眼，上各置一釜。灰胎。青黄釉，剥釉现象较严重。

6. 青瓷熏炉
嵊州市文物管理处藏
口径6.4、腹径12、底径8.6、高6.3厘米
直口，溜肩，扁圆腹，平底。口部对称置两横系。灰胎。黄釉，剥釉现象严重。施釉不及底，外施釉至下腹，外底部露胎无釉。

1. 青瓷罍

2. 青瓷堆塑罐

3. 青瓷虎子

4. 青瓷井、吊桶

5. 青瓷鬼灶

6. 青瓷熏炉

7. 青瓷狗圈

嵊州市文物管理处藏

口径 10、底径 7.6、高 2.4 厘米

整体呈浅盘状,内置一狗。灰胎。青黄釉。施釉不及底,外施釉至足端,外底部露胎无釉。

8. 青瓷鸡笼

嵊州市文物管理处藏

长 8.5、宽 8、高 5 厘米

整体呈卷棚状。上部划六道凹弦纹,下部置两圆孔并堆塑鸡。灰胎。青黄釉。

9. 青瓷猪圈

嵊州市文物管理处藏

口径 10、底径 8.5、高 6.3 厘米

整体呈直筒形。上部置凸弦纹两圈,内置一猪。灰胎。青黄釉。施釉不及底,外施釉至下腹,外底部露胎无釉。

10. 青瓷盘、耳杯

嵊州市文物管理处藏

盘口径 14、底径 8.2、高 2.8 厘米

耳杯长 5 ～ 5.2、高 1.6 ～ 1.8 厘米

盘敞口,浅坦腹,平底内凹。灰胎。青釉,剥釉现象严重。施釉不及底,外施釉至下腹,外底部露胎无釉。

耳杯共 2 件,整体呈椭圆形。敞口,浅弧腹,平底。外口沿下贴塑双耳,微上翘。灰胎,胎质粗。青灰釉,剥釉现象严重,有积釉、流釉现象。外底部露胎无釉。

11. 青瓷火盆镶斗

嵊州市文物管理处藏

火盆外口径 11.8、底径 7.2、高 4 厘米

镶斗口径 7、高 2.4 厘米

火盆呈钵形,敞口,浅弧腹,平底。灰胎。青釉微泛黄,剥釉现象较严重。施釉不及底,外施釉至下腹,外底部露胎无釉。

镶斗敞口,上腹竖直,下腹浅弧,平底,下承三足。外腹一侧贴塑一圆柱形长柄。灰胎。青釉,布满开片。

12. 青瓷水盂

嵊州市文物管理处藏

口径 4.5、腹径 7.5、底径 5.2、高 3.2 厘米

敛口,扁圆腹,平底。灰胎。青釉泛黄。施釉不及底,外施釉至下腹,外底部露胎无釉。

7. 青瓷狗圈

8. 青瓷鸡笼

9. 青瓷猪圈

10. 青瓷盘、耳杯

11. 青瓷火盆鐎斗

12. 青瓷水盂

嵊州市
西晋太康九年（288 年）墓

016

2009 年 3 月在嵊州市甘霖镇上高村祠堂山清理。"凸"字形砖室墓，方向 265°。由甬道和墓室两部分组成，全长 5.23 米。甬道长 1.68、宽 0.98、高 0.54 米。封门墙在甬道外，厚 0.36 米。墓室分为前后两室，后室比前室高出三层平砖。墓室长 4.42、宽 1.72、残高 0.78 米，墓墙厚 0.42 米。墓室四角向内砌一砖柱，墓壁砌法为四顺一丁、三顺一丁以上平砖顺砌。铺地砖一层，为"人"字形平铺。墓砖有长方形和刀形两种。长方形砖尺寸为长 42、宽 20、厚 6 厘米，长 36、宽 18、厚 6 厘米。刀形砖尺寸为长 42、宽 21、厚 4.5~6 厘米，长 36.5、宽 19、厚 3~4.5 厘米，长 37、宽 19、厚 3.5~5 厘米、长 36.5、宽 18、厚 4~5.5 厘米。砖平面饰方格斜线钱纹，格

内饰飞鸟人物画像、飞禽走兽；侧面饰双鱼间以圆旋纹，青龙白虎间以蛙纹、直线纹；端面饰人像、鱼纹、龙纹。刀形砖侧面有"（太康）九年三月五日冯□作"铭文。

出土青瓷盘口壶、虎子、碗等 9 件器物。

1. 青瓷虎子

嵊州市文物管理处藏

长 21.6、口径 5.2、腹径 11.8、高 17.6 厘米

器身近茧形，口部作虎头状，大圆口，管状流上翘，背上置一提梁，底部置四虎足。器身划翅膀纹、凹弦纹。灰胎。青黄釉，满釉。后部有泥点垫烧痕。

2. 青瓷盘口壶

嵊州市文物管理处藏

口径 13.1、腹径 20.8、底径 9.8、高 23.7 厘米

直口，盘口，喇叭形长颈，丰肩，扁圆腹较深，平底。盘口处饰凹弦纹双圈；肩部凹弦纹双圈内拍印斜方格纹带，对称置双竖耳。灰胎。青釉微泛黄。施釉不及底，外施釉至下腹，外底部露胎无釉。

3. 青瓷碗（一组）

嵊州市文物管理处藏

口径 13.2~15.8、底径 7.1~8.3、高 4.6~6 厘米

共 4 件。敞口近直，浅弧腹，平底微内凹。外腹凹弦纹双圈内拍印斜方格纹带。灰胎。青黄釉，剥釉现象严重。施釉不及底，外施釉至下腹，外底部露胎无釉。内心有叠烧痕。

4. 青瓷碗（一组）

嵊州市文物管理处藏

口径 7.4~9.8、底径 3.8~5、高 2.5~3.7 厘米

共 3 件。敞口近直，浅弧腹，平底微内凹。灰胎。青黄釉。施釉不及底，外施釉至下腹，外底部露胎无釉。内心有叠烧痕。

1. 青瓷虎子

2. 青瓷盘口壶

3. 青瓷碗（一组）

4.青瓷碗（一组）

017

嵊州市
西晋太康十年（289年）墓

1990年11月在嵊县浦口镇（今嵊州市浦口街道）四村清理。"凸"字形砖室墓，方向300°。由甬道和墓室两部分组成，全长7.1米。甬道长1.88、宽0.92、高1.38米。墓室全长4.82、宽1.8、残高2米。墓壁以三顺一丁组合砌成。铺地砖三层，呈"人"字形平铺。墓砖有多种规格和纹饰。楔形砖尺寸为长19、宽15~17、高7厘米，长20、宽14~18、高7厘米，长19、宽10.5~18、高7厘米。平面方格莲花纹方格内饰鸟纹、鱼纹，窄端饰飞凤纹。刀形砖尺寸为长39.5、宽19、厚3.8~5厘米，长39.5、宽19、高4~5.5厘米。平面饰方格斜线钱纹，狭侧面有"太康十一年太岁庚戌八月十日就作此壁其主姓番"等铭文。长方形砖尺寸为长39.5、宽19、厚5.5厘米，长40、宽20、厚7厘米，长42、宽21、厚6.8厘米。平面饰方格斜线钱纹；侧面饰四出五铢钱纹与直线纹，或双龙间以一龟纹、双鱼、鹤、人物像、"太康十年太岁在癸酉七月十三日鲍庆造"铭文等；端面饰龙纹、飞凤、人首鸟身、人物像、钱纹等。

出土青瓷罐、钵、碗等共14件器物。

1. 青瓷钵

嵊州市文物管理处藏

口径24.7、底径13.6、高10.7厘米

敞口近直，浅弧腹较深，平底。外腹划凹弦纹多圈，自上而下依次拍印圆圈纹、斜方格纹带、圆圈纹，其中圆圈纹内又有太阳纹；内心划弦纹一圈。灰胎。青釉。施釉不及底，外施釉至下腹，外底部露胎无釉。

1. 青瓷钵

2. 青瓷罐

嵊州市文物管理处藏

口径 9.7、底径 8、高 11.7 厘米

直口，短颈，丰肩，圆鼓腹，平底。肩部划弦纹多圈，
内拍印斜方格纹带，对称置四横系。灰胎。青釉泛黄。
施釉不及底，外施釉至下腹，外底部露胎无釉。

3. 青瓷碗（一组）

嵊州市文物管理处藏

口径 15.8、底径 7.5、高 5.9 厘米

共 6 件。敞口近直，浅弧腹，平底内凹。外腹划弦
纹双圈，内拍印斜方格纹带；内心划弦纹一圈。灰
胎。青釉。施釉不及底，外施釉至下腹，外底部露

胎无釉。内心有叠烧痕。

4. 青瓷碗（一组）

嵊州市文物管理处藏

口径 9.3 ~ 10.5、底径 4.5 ~ 5.3、高 3.2 ~ 3.8 厘米

共 6 件。敞口近直，浅弧腹，平底内凹。内心划弦
纹一圈。灰胎。青釉。施釉不及底，外施釉至下腹，
外底部露胎无釉。内心有叠烧痕。

2. 青瓷罐

3. 青瓷碗（一组）

4. 青瓷碗（一组）

018

嵊州市
西晋太康十年（289 年）墓

1990 年 11 月在嵊县浦口镇（今嵊州市浦口街道）四村清理。砖室墓，方向 282°。由甬道和墓室两部分组成，全长 5.6 米。甬道长 1.44、宽 0.92、高 1.38 米。墓室全长 3.96、宽 1.5、残高 1.48 米。墓壁以三顺一丁组合砌成。铺地砖三层，呈"人"字形平铺。出土青瓷罐、水盂、碗及银圈、铜镜、铜钱等共 19 件器物。

1. 青瓷罐
嵊州市文物管理处藏
口径 9.3、底径 7.5、高 11.6 厘米
直口，短颈，丰肩，扁圆腹较深，平底微内凹。肩部划凹弦纹多圈，内拍印斜方格纹带，对称置四横系。黄胎。青黄釉，有剥釉现象。施釉不及底，外施釉至下腹，外底部露胎无釉。

2. 青瓷水盂
嵊州市文物管理处藏
口径 4、底径 3.9、高 3.3 厘米
敛口，扁圆腹，平底微内凹。上腹部划凹弦纹双圈，内拍印斜方格纹带。灰胎。青釉微泛黄。施釉不及底，外施釉至下腹，外底部露胎无釉。外底部有三处泥点垫烧痕。

3. 青瓷水盂
嵊州市文物管理处藏
口径 7、底径 5.5、高 4 厘米
敛口，扁圆腹，平底微内凹。肩部对称置四横系；上腹部划凹弦纹双圈，内拍印斜方格纹带。灰胎。青釉泛黄，剥釉现象严重。施釉不及底，外施釉至下腹，外底部露胎无釉。

4. 青瓷碗
嵊州市文物管理处藏
口径 12.3、底径 6、高 4 厘米
敞口近直，浅弧腹，平底内凹。外腹划弦纹双圈，内拍印斜方格纹带；内心划弦纹一圈。灰胎。青釉泛黄，有积釉、流釉现象。施釉不及底，外施釉至下腹，外底部露胎无釉。外底部有泥点垫烧痕。

5. 青瓷碗（一组）
嵊州市文物管理处藏
口径 10.5 ~ 12、底径 4.2 ~ 4.5、高 3.3 ~ 3.5 厘米
共 2 件。敞口近直，浅弧腹，平底内凹。内心划弦纹一圈。灰胎。青釉泛黄，有积釉、流釉现象，有开片。施釉不及底，外施釉至下腹，外底部露胎无釉。外底部有泥点垫烧痕。

6. 青瓷碗（一组）
嵊州市文物管理处藏
口径 11.3 ~ 12.3、底径 6 ~ 16、高 4 ~ 4.3 厘米
共 2 件。敞口近直，浅弧腹，平底内凹。外口沿下划凹弦纹一圈，内心划弦纹一圈。灰胎。青釉微泛黄，有积釉、流釉现象，有开片。施釉不及底，外施釉至下腹，外底部露胎无釉。外底部有泥点垫烧痕。

7. 青瓷碗（一组）
嵊州市文物管理处藏
口径 6.3 ~ 7.5、底径 2.8 ~ 4、高 2.1 ~ 3 厘米
共 10 件。敞口近直，浅弧腹，平底内凹。外腹素面或划弦纹圈。灰胎。青釉泛黄，有积釉、流釉现象，有开片。施釉不及底，外施釉至下腹，外底部露胎无釉。外底部有泥点垫烧痕。

8. 银圈
嵊州市文物管理处藏
直径 1.6 厘米
圆线形。

9. 铜镜
嵊州市文物管理处藏
直径 17.6 厘米
残。中心置一扁圆纽，以纽为中心饰纹样。主纹为桃形四叶，叶内各饰龙纹，四叶间饰对凤，连弧内为涡云纹。宽素缘。

1. 青瓷罐

2. 青瓷水盂

3. 青瓷水盂

4.青瓷碗

5.青瓷碗（一组）

6. 青瓷碗（一组）

7. 青瓷碗（一组）

8.银圈

9.铜镜

019 嵊州市 西晋太康十年（289年）墓

位于嵊州市浦口街道棠头溪，墓葬形制不明。

1. 青瓷樽
嵊州市文物管理处藏

口径 11.5、腹径 15.2、高 9.4 厘米

直口，折肩，圆筒腹，平底，下承三兽足。上腹对称置双横系；腹部划弦纹多圈，内拍印斜方格纹带两圈，对称贴塑四枚铺首衔环。灰胎。青釉。通体施釉。

2. 青瓷水盂
嵊州市文物管理处藏

口径 4.1、足径 4.1、高 4.3 厘米

敛口，圆鼓腹，饼足。上腹部划凹弦纹双圈，内拍印斜方格纹带。灰胎。青釉微泛黄。通体施釉。外底部有泥点垫烧痕。

3. 青瓷钵
嵊州市文物管理处藏

口径 18.8、底径 9.7、高 7 厘米

敞口近直，上腹斜直，下腹斜收，平底微内凹。外腹划凹弦纹三圈。灰胎。青黄釉。施釉不及底，外施釉至下腹，外底部露胎无釉。内心有泥点垫烧痕。

4. 青瓷碗（一组）
嵊州市文物管理处藏

口径 9.4～9.9、底径 4.8～5.2、高 3.2～3.7 厘米

共 3 件。敞口近直，上腹斜直，下腹斜收，平底微内凹。内心划弦纹一圈。灰胎。青黄釉。施釉不及底，外施釉至下腹，外底部露胎无釉。内心及外底部有泥点垫烧痕。

1. 青瓷樽

2. 青瓷水盂

3. 青瓷钵

4. 青瓷碗（一组）

020

上虞区
西晋太熙元年（290年）墓

1995年上虞驿亭镇五夫村出土，墓葬形制不明。

青瓷堆塑罐

上虞博物馆藏

腹径26.3、底径15.8、通高50.2厘米

由上下两部分组成。上部为楼阙、人物、飞鸟堆塑。堆塑分为两层：上层以角楼为主，角楼下各置一小罐，罐边贴塑佛像与飞鸟；下层有门廊建筑及人物。其间有一龟趺碑，碑上铭有"太熙元年"字样。下部为罐体，盘口圆唇，弧腹，平底内凹，肩腹部戳印八圈联珠纹，联珠纹间拍印网格纹。肩腹堆塑跪状熊、铺兽、骑士以及龟、蟹等。青釉。外底不施釉。

021 嵊州市
西晋元康元年（291年）墓

2009年3月在嵊州市甘霖镇上高村祠堂山清理。"凸"字形砖室墓，方向250°。由甬道和墓室两部分组成。甬道已被挖。墓室残长4.4、宽1.88、残高1.08米，墓墙厚0.2米。墓壁砌法为三顺一丁，墓室东北角向内凸出砌一砖墩。铺地砖被盗挖，上层为"人"字形平铺。墓砖有长方形和楔形两种。长方形砖长43、宽20、厚7厘米，平面饰方格斜线钱纹；侧面中间为两条鱼纹，两端各一钱纹或各一龙纹，或饰"元康元年""造作"铭文；端面或饰"万贵者其人""尺业墩千亿"铭文，模印饕餮形象、人像钱纹，或双钱间以一鱼纹。楔形砖长19.5、宽11～19.5、厚6.7厘米，平面饰方格斜线钱纹，窄端饰飞鸟纹，侧面有"元康元年"铭文。该墓早年被盗，仅出土青瓷钵、唾盂、罐、碗和铜镜等5件器物。

1. 青瓷唾盂
嵊州市文物管理处藏
口径10.3、底径12.8、高12.7厘米
直口，喇叭形长颈，扁圆腹，平底。灰胎。青釉微泛黄，布满小开片。全器满施釉。外底部有五处圆形泥点垫烧痕。

2. 青瓷钵
嵊州市文物管理处藏
口径26.6、底径15.2、高10.9厘米
敞口近直，浅弧腹，平底。外口沿下划凹弦纹多圈。灰黄胎。青釉微泛黄。剥釉现象极其严重。施釉不及底，外施釉至下腹，外底部露胎无釉。

3. 青瓷罐
嵊州市文物管理处藏
口径12.5、底径10厘米
残。敞口，束颈较短，丰肩，深腹，平底。肩部划凹弦纹双圈，贴塑双横系。灰胎。青釉泛黄，布满开片。施釉不及底，外施釉至下腹，外底部露胎无釉。

4. 青瓷碗
嵊州市文物管理处藏
底径6.2厘米
残，仅余底部。灰胎。青釉。内心有四处泥点垫烧痕。

5. 铜镜
嵊州市文物管理处藏
直径9厘米
圆形。中心置一半球形纽，以纽为中心饰花卉纹。内区饰鸟兽纹，其外环以连弧纹和栉齿纹带。宽素缘。

1. 青瓷唾盂

2. 青瓷钵

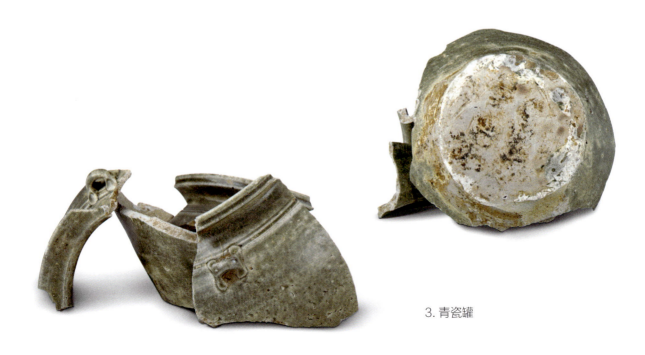

3. 青瓷罐

4. 青瓷碗

5. 铜镜

嵊州市 西晋元康四年（294 年）墓

022

1989 年 11 月在嵊县城关镇（今嵊州市剡湖街道）莲塘村低山砖窑厂清理。双"凸"字形券顶砖室墓，方向 84°。由甬道、前室、过道、后室四部分组成，全长 9.36 米。甬道，拱券顶，长 1.78、宽 1.08、内高 1.53 米。封门墙砌在甬道口外，高 2.1 米。前室，横长方形，横长 5.42、进深 1.52、高 2.52 米，横拱券顶，室内两端加砌一道拱券，厚 0.19 米。前室两端拱券外砌封墙，南边厚 0.52 米，北边厚 0.38 米。过道，拱券顶，长 0.58、宽 0.92、内高 0.86 米。后室，纵向拱券顶，长 4.78、宽 1.96、内高 2.9 米，铺地砖高出 25 厘米形成棺床。墓壁砌法为三顺一丁砌六组，再二顺一丁组合砌至中心，壁厚 0.36 米，即一砖之长。券顶用刀形砖。铺地砖上层"人"字形平铺，下层横直平铺，中间留 8 厘米宽的排水沟通向墓外。墓砖规格多样，有长方形、刀形、楔形三种。长方形砖尺寸为长 35.5、宽 18、厚 5.5 厘米；刀形砖尺寸为长 37、宽 18.5、厚 2.5~5 厘米；楔形砖尺寸为长 38、宽 13~20、厚 6.5 厘米，长 38、宽 9~15、厚 6.5 厘米。长方形和刀形砖平面饰方格斜线纹，侧面饰菱形纹与直线纹、网纹与鱼纹、钱纹，狭侧有"元康四年八月二日宋囗囗"铭文，端面饰两枚钱中间连直线纹、龙纹边铭一"甫"字。楔形砖窄端面饰飞凤、龙纹、人头像。出土青瓷堆塑罐、火盆镶斗、罐、唾壶、虎子、鸡笼、猪圈、狗圈、碗以及铜洗、勺、盘、耳杯、水盂、镶斗等共 23 件器物。

1. 铜洗

嵊州市文物管理处藏

口径 25.8、高 10.2 厘米

直口微敞，宽折沿，浅直腹，平底，下承三蹄形足。

外腹划弦纹多圈，对称置双系。

2. 铜洗、勺

嵊州市文物管理处藏

洗口径 24.3、底径 16、高 6 厘米

勺长 17.6、宽 6、高 10 厘米

洗敞口，宽折沿，沿部上翘，浅腹略弧，平底。外腹划弦纹多圈。

3. 铜盘、耳杯

嵊州市文物管理处藏

盘口径 19.5、底径 15、高 1.8 厘米

耳杯长 9.5、宽 7.5、高 3 厘米

盘敞口，浅坦腹，平底。

耳杯共 2 件，整体呈椭圆形。敞口，浅弧腹，平底。外口沿下贴塑双耳。

4. 铜洗

嵊州市文物管理处藏

口径 16、底径 10、高 5.5 厘米

残。直口，筒形浅腹，平底，下承三小足。

5. 铜水盂

嵊州市文物管理处藏

长 13.65、宽 7.3、高 5.25 厘米

残。整体呈龟形。

6. 铜镶斗

嵊州市文物管理处藏

口径 14、底径 12、高 9 厘米

残。敞口，折沿，沿部上翘，平底，下承三蹄形足，足残。

7. 残铜器

嵊州市文物管理处藏

扁长方体。

8. 青瓷罐

嵊州市文物管理处藏

口径 14、底径 9.1、高 16.5 厘米

直口，短颈，丰肩，圆鼓腹较深，平底微内凹。肩部划凹弦纹双圈，内拍印斜方格纹带，对称置四横系。灰胎。青釉泛黄，有开片，有剥釉现象。施釉不及底，外施釉至下腹，外底部露胎无釉。

1. 铜洗

2. 铜洗、勺

3. 铜盘、耳杯

4. 铜洗

5. 铜水盂

7. 残铜器

6. 铜鐎斗

8. 青瓷罐

9. 青瓷罐

嵊州市文物管理处藏

口径 14、底径 9.3、高 17 厘米

直口，短颈，丰肩，圆鼓腹较深，平底微内凹。肩部划凹弦纹双圈，内拍印斜方格纹带，对称置四横系；上下腹相交处划凹弦纹一圈。灰胎。青釉微泛黄，有开片，有剥釉现象。施釉不及底，外施釉至下腹，外底部露胎无釉。

10. 青瓷堆塑罐

嵊州市文物管理处藏

底径 17、残高 27 厘米

残。仅余下腹部及底。外腹残见堆塑人物。灰黄胎。青黄釉，剥釉现象严重。

11. 青瓷罐

嵊州市文物管理处藏

口径 9、底径 6.6、高 11.3 厘米

直口，短颈，丰肩，圆鼓腹较深，平底微内凹。肩部划凹弦纹双圈，内拍印斜方格纹带，对称置四横系。灰胎。青黄釉。施釉不及底，外施釉至下腹，外底部露胎无釉。

12. 青瓷虎子

嵊州市文物管理处藏

长 24.4、高 18 厘米

器身近茧形，口部作虎头状，大圆口，管状流上翘，背上置一提梁，平底，底部置四虎足。器身划翅膀纹、凹弦纹。灰胎。青黄釉，有开片及积釉现象。

13. 青瓷唾壶

嵊州市文物管理处藏

口径 10.6、足径 9.8、高 13.8 厘米

盘口，喇叭形长颈，丰肩，圆鼓腹，高圈足外撇。肩部及上腹部依次划凹弦纹、拍印圆圈纹、划凹弦纹双圈、拍印直线及菱形纹带、划凹弦纹、拍印圆圈纹、划凹弦纹，高足处置凸弦纹双圈。灰胎。青釉，有开片及积釉现象。通体施釉。外底部有泥点垫烧痕。

9. 青瓷罐

10. 青瓷堆塑罐

11. 青瓷罐

12. 青瓷虎子

13.青瓷唾壶

14. 青瓷碗

嵊州市文物管理处藏

口径 17.5～20、底径 10.4、高 6.2 厘米

敞口近直，浅弧腹，平底。外口沿下饰凹弦纹双圈，内心饰凹弦纹一圈。黄胎。青黄釉，布满开片。施釉不及底，外施釉至下腹，外底部露胎无釉。

15. 青瓷碗

嵊州市文物管理处藏

口径 15.3、底径 8、高 5.4 厘米

敞口近直，浅弧腹，平底。口沿有四处褐色点彩装饰，两两对称。外口沿下饰凹弦纹双圈，内心饰凹弦纹一圈。黄胎。青黄釉，布满开片。施釉不及底，外施釉至足端，外底部露胎无釉。内心有叠烧痕迹。

16. 青瓷火盆镰斗

嵊州市文物管理处藏

火盆口径 13.5、底径 6.3 厘米、高 4.3 厘米

镰斗口径 8.7 厘米、底径 4.6 厘米

通高 5.3 厘米

火盆呈钵形。敞口近直，浅弧腹，平底。口沿处有斜方格纹带。黄胎。青黄釉，剥釉现象较严重。施釉不及底，外施釉至下腹，外底部露胎无釉。

镰斗敞口，上腹竖直，下腹浅弧，平底，下承三足。外腹一侧贴塑一圆柱形长柄。黄胎。青黄釉。施釉不及底，外施釉至下腹，外底部露胎无釉。

17. 青瓷鸡笼

嵊州市文物管理处藏

长 9、宽 8、高 4 厘米

整体呈卷棚状。上刻划交错直线纹。灰胎。青黄釉。

18. 青瓷狗圈

嵊州市文物管理处藏

口径 12.9、底径 6、高 4.6 厘米

整体呈碗形。敞口近直，浅弧腹，平底内凹。内心堆塑一狗。外口沿下饰凹弦纹一圈，下拍印斜方格纹带。灰胎。青釉泛黄，布满开片。施釉不及底，外施釉至下腹，外底部露胎无釉。

19. 青瓷猪圈

嵊州市文物管理处藏

口径 12、底径 11、高 5.5 厘米

整体呈筒状。直腹，平底。内心堆塑一猪。口沿处、上下腹相交处、下腹近足处拍印斜方格纹带。灰胎。青釉，流釉现象严重。施釉不及底，外施釉至下腹，外底部露胎无釉。

20. 青瓷碗（一组）

嵊州市文物管理处藏

口径 5.7、底径 3、高 2.3 厘米

共 2 件。敞口近直，浅弧腹，平底内凹。外口沿下饰凹弦纹或素面。灰胎。一为青釉，一为青黄釉，有开片及剥釉现象。施釉不及底，外施釉至下腹，外底部露胎无釉。外底部有泥点垫烧痕。

21. 黛板

嵊州市文物管理处藏

长 19.3、宽 13.1、厚 0.3 厘米

长方形，一面磨平。浅灰色石质。

14. 青瓷碗

15. 青瓷碗

16. 青瓷火盆鐎斗

17. 青瓷鸡笼

18. 青瓷狗圈

19. 青瓷猪圈

20. 青瓷碗（一组）

21. 黛板

023 上虞区
西晋元康六年（296 年）墓

1992 年在上虞驿亭镇谢家岸后头山清理。"凸"字形砖室墓，方向 335°。甬道长 1.2、宽 0.98、高 1.3 米。墓室长 4.22、宽 1.7～2、高 2.2 米。墓室两侧壁略向外弧，墓壁以四顺一丁方法砌筑。墓室后侧有长 3.08、高 0.12 米的棺床，棺床铺砖横竖相间。墓室前半部和甬道底砖铺两层，墓室后壁砌三个呈"品"字形分布的小龛。墓砖规格主要有

两种，长均为 13.5 厘米、厚均为 5 厘米，宽分别为 13.5 厘米、17 厘米。墓砖一侧面铭阳文小篆"元康六年八月作马恒尹"，另一侧面与端面模印几何纹、铜钱纹。

早年被盗，残存青瓷罐、盏、灶等器物残片。

青瓷盏

上虞博物馆藏

口径 6.4、足径 3.8、高 2.7 厘米

直口，折腹，上腹竖直，下腹斜收，饼足。灰胎。青黄釉，剥釉极严重。施半釉，外施釉至下腹，外底部露胎无釉。

024

上虞区
西晋元康七年（297年）墓

1976年10月在上虞道墟公社（今道墟街道）龙王堂东北麓清理。"凸"字形砖室墓，方向333°。墓长5.09、宽1.83、残高0.9米。甬道低于前室0.06米。墓壁以三顺一丁砌筑，墓底砖作"工"字形排列，下设排水沟。随葬器物放在近甬道的墓室右壁处。墓砖均为长方形平砖，长35、宽18、厚5厘米。墓砖平面印绳纹，侧面印几何纹，部分铭有"元康七年陈作"。

出土青瓷双耳罐、灯盏、猪舍、狗圈、灶、釜、耳杯、托盘、勺、俑头及砺石等。

1. 青瓷猪圈

上虞博物馆藏

口径7.8、底径8.5、高4.9厘米

直筒形，平底，上沿下有凸棱一圈，内有卧猪一头。外底不施釉。

1. 青瓷猪圈

2. 青瓷狗圈

上虞博物馆藏

口径9、底径5、高4.5厘米

弧敛口，浅弧腹，平底。内底原置有一狗，现仅存
四个粘结点。外底不施釉。

3. 青瓷鸡笼

上虞博物馆藏

长10、高3.6厘米

整体呈卷棚状。双道细弦纹将整个棚分成六大块，
一侧堆塑两只出棚鸡。灰胎。青黄釉。底部不施釉。

3. 青瓷鸡笼

025 上虞区 西晋元康八年（298年）墓

1984年3月至9月在上虞凤凰山原卫陶厂基建工地古墓群清理。长方形砖室墓，方向339°。墓长3.56、宽0.92、高1.16米。墓壁以四层平砖夹一层侧砖砌筑。随葬品多置于墓室前部。墓砖端面有"元康八年"铭文。

出土青瓷罐、盘口壶、盘、水盂、耳杯、钵和铜镜、铜钱、小铁刀等器物。

1. 青瓷罐

上虞博物馆藏

口径9.7、底径7.4、高11厘米

直口，短颈，丰肩，扁圆腹，平底微内凹。肩部划凹弦纹双圈，对称贴塑四横耳。灰胎。青黄釉，有开片。施半釉，外施釉不及底，外底部露胎无釉。

2. 青瓷钵

上虞博物馆藏

口径13.5、底径11、高8厘米

敛口，曲腹较深，平底内凹。上腹部划凹弦纹双圈，内戳印圆圈纹一圈，下模印斜方格纹带一圈。灰胎。青黄釉，有积釉现象，有开片。通体施釉，唯外底部露胎无釉。外底部有八处椭圆形叠烧痕。

3. 青瓷水盂

上虞博物馆藏

口径4.1、底径4、高4.1厘米

敛口，扁圆腹，平底。口沿外有凹弦纹一道。

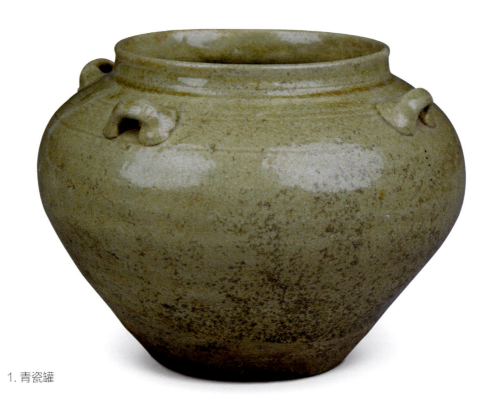

1. 青瓷罐

2. 青瓷钵

3. 青瓷水盂

026 嵊州市 西晋元康八年（298 年）墓

1982 年 12 月在嵊县（今嵊州市）荷花坪村艇北公路边清理。"凸"字形砖室墓，方向 225°。墓室残长 1.2、宽 1.64、残高 1.4 米。墓壁以三顺一丁方式砌筑，墙厚 0.41 米。墓砖长 41、宽 20、厚 6 厘米，平面饰方格斜线纹，一侧面饰双鱼纹或"晋元康八年八月十日作主公孙氏"铭文，端面饰鱼纹、草叶纹或"疾中"铭文。

早期被盗，出土青瓷熏炉、虎子、罍、罐、唾壶、耳杯、盘、钵、碗等 18 件器物。

1. 青瓷罐

嵊州市文物管理处藏

口径 20、底径 12.8、高 25.5 厘米

直口，短颈，丰肩，圆鼓腹，平底。肩部饰凹弦纹双圈，内拍印斜方格纹。肩部对称置四竖耳，两个一组，两两对称，上拍印叶脉纹；对称贴塑铺首衔环。灰胎。青釉泛黄，有流釉现象。施釉不及底，外施釉至下腹，外底部露胎无釉。

2. 青瓷罐

嵊州市文物管理处藏

口径 9.2、底径 7、高 11.3 厘米

直口，短颈，丰肩，圆鼓腹较深，平底微内凹。肩部划凹弦纹双圈，内拍印斜方格纹带，对称置四横系。灰胎。青黄釉。施釉不及底，外施釉至下腹，外底部露胎无釉。

3. 青瓷罐

嵊州市文物管理处藏

口径 9、底径 6.5、高 11 厘米

残。直口，短颈，丰肩，圆鼓腹较深，平底微内凹。肩部划凹弦纹双圈，对称置双竖系。灰胎。青黄釉，有开片。施釉不及底，外施釉至下腹。

4. 青瓷罐

嵊州市文物管理处藏

口径 9.5、底径 7.6、高 12 厘米

直口，短颈，丰肩，圆鼓腹较深，平底微内凹。肩部划凹弦纹双圈，内拍印斜方格纹，对称置双竖系及堆贴模印神兽纹。灰胎。青黄釉，有剥釉现象。施釉不及底，外施釉至下腹，外底部露胎无釉。外底部有六处圆形泥点垫烧痕。

1. 青瓷罐

2. 青瓷罐

3. 青瓷罐   4. 青瓷罐

5. 青瓷唾壶

嵊州市文物管理处藏

口径 9.3、高 10.4 厘米

盘口，喇叭形长颈，丰肩，圆鼓腹，平底。肩部及上腹部依次划凹弦纹双圈、拍印斜方格纹带、划凹弦纹双圈，贴塑铺首衔环。灰胎。青釉。施釉不及底，外施釉至足端，外底部露胎无釉。外底部有泥点垫烧痕。

6. 青瓷熏炉

嵊州市文物管理处藏

通高 18.1 厘米

由熏炉和托座两部分组成。熏炉整体呈球形，顶部置一圆柱形纽，纽上堆塑一鸟；上部镂孔三层，镂孔呈三角形，内呈台阶状；下部承接三足。托座实为三足洗，敞口，浅弧腹，平底，下承三蹄形足。灰胎。青釉微泛黄，有积釉、流釉现象。通体施釉。外底部有多处椭圆形泥点垫烧痕。

7. 青瓷虎子

嵊州市文物管理处藏

长 24.5、高 17.5 厘米

器身近茧形，口部作虎头状，大圆口，管状流上翘，背上置一提梁，底部置四虎足。器身划翅膀纹、凹弦纹。灰胎。青黄釉，有开片及剥釉现象。后部有多处圆形泥点垫烧痕。

8. 青瓷钵

嵊州市文物管理处藏

口径 18.4、底径 13、高 9.3 厘米

直口微敛，圆鼓腹，平底。外口沿下饰凹弦纹双圈，内拍印斜方格纹带。灰胎。青黄釉，有积釉、流釉现象。外施釉至足端，外底部露胎无釉。外底部有八处圆形泥点垫烧痕。

9. 青瓷盘、耳杯

嵊州市文物管理处藏

盘口径 15、底径 8、高 3.5 厘米

耳杯长 5.2、高 2 厘米

盘敞口，浅坦腹，平底。内心饰凹弦纹一圈。灰胎。青灰釉。

耳杯整体呈椭圆形。敞口，浅弧腹，平底。外口沿

下贴塑双耳。灰胎，胎质粗。青黄釉。

10. 青瓷碗（一组）

嵊州市文物管理处藏

口径 15.5、底径 8、高 5.8 厘米

共 2 件。敞口近直，上腹竖直，下腹浅弧，平底微内凹。外口沿下饰凹弦纹圈，下拍印斜方格纹带。灰胎。青釉泛黄，有开片及积釉现象。施釉不及底，外施釉至下腹，外底部露胎无釉。

11. 青瓷碗

嵊州市文物管理处藏

口径 9.5、底径 6.2、高 4 厘米

敞口近直，浅弧腹，平底微内凹。外口沿下饰凹弦纹一圈，下拍印斜方格纹带。灰胎。青黄釉，有积釉现象。施釉不及底，外施釉至足端，外底部露胎无釉。外底部有四处圆形泥点垫烧痕。

12. 青瓷碗

嵊州市文物管理处藏

口径 9.7、底径 5.6、高 3.4 厘米

敞口近直，浅弧腹，平底微内凹。灰胎。青黄釉，有开片。施釉不及底，外施釉至下腹，外底部露胎无釉。外底部有泥点垫烧痕。

13. 青瓷碗

嵊州市文物管理处藏

口径 9.7、底径 5.6、高 3.4 厘米

敞口近直，浅弧腹，平底微内凹。灰胎。青黄釉，有开片。施釉不及底，外施釉至下腹，外底部露胎无釉。外底部有泥点垫烧痕。

14. 青瓷碗

嵊州市文物管理处藏

口径 7.3、底径 3.8、高 3 厘米

敞口近直，浅弧腹，平底微内凹。灰胎。青黄釉，有开片。施釉不及底，外施釉至下腹，外底部露胎无釉。外底部有泥点垫烧痕。

15. 黛板

嵊州市文物管理处藏

长 15.7、宽 12.7 厘米

长方形，一面磨平。浅灰色石质。

5. 青瓷唾壶

6. 青瓷熏炉

7. 青瓷虎子

8. 青瓷钵

9. 青瓷盘、耳杯

10. 青瓷碗（一组）

11~14.青瓷碗

15. 黛板

027

新昌县
西晋元康九年（299年）墓

位于新昌县镜岭镇楼基村。1973年4月楼基砖瓦窑取土制砖时对墓葬造成破坏，形制不详。长方形墓砖长37、宽16、厚5.5厘米，平面饰以钱纹为中心的箭羽纹，侧面饰钱纹或模印隶体阳文"元康九年□□□日"字样，端面饰几何纹。出土青瓷狮形烛台1件、盏2件、陶纺轮1件。

青瓷狮形烛台
新昌博物馆藏
长12.3、宽6.4、高8.6厘米
狮子作蹲伏状，昂首挺胸，怒目裂齿，背毛下梳，体毛倒卷，尾毛蓬松，尾短如蒲扇，背上有管状孔。胎质细腻，淘洗较精，色灰白。淡青绿釉，釉层薄且透明。通体施釉。

028

新昌县
西晋永康元年（300年）墓

位于新昌县七星街道张家庄村。1973年冬在小茔山北坡修建提水站机埠时发现，1974年4月进行清理，编号为新昌7号墓。"凸"字形墓，方向150°。墓室由前室、后室、甬道三部分组成，通长5.2、宽1.46米。甬道长0.8、宽1.01米，前室长1.3米，后室长3.1米。棺床为席纹铺法。墓壁系平砖错缝叠砌，砌至22层起券，墓顶已坍塌。前室地砖为"人"字错缝铺法。长方形墓砖，长38、宽18、厚6厘米。一种砖两侧饰鱼、鸟、对钱纹、三钱纹，另一种砖模印篆体阳文"永康九月廿日"字样。

此墓已被盗掘，清理后出土青瓷水盂1件、钵1件。

1. 青瓷钵
新昌博物馆藏
口径26、底径14、高11厘米
整器碎裂。直口，方唇，平底微凹。外口沿下依次饰双弦纹、斜网纹和两道弦纹。青绿釉，釉层极薄，外壁有很大部分剥落见胎。内外施釉，底部露胎无釉。

2. 青瓷水盂
新昌博物馆藏
口径4.5、腹径8.5、底径4.3、高3.3厘米
扁鼓形，肩部饰斜网格纹。青釉泛黄。内外施釉，外施釉不及底。

1. 青瓷钵

2. 青瓷水盂

029
诸暨市
西晋永宁二年（302 年）墓

墓葬形制与出土器物组合不明。

青瓷耳杯

诸暨市博物馆藏

长 9.5、宽 7.4、高 3.3 厘米

椭圆形，斜弧腹，平底内凹。口沿长边两侧附一对
新月形耳。青釉，内壁密布冰裂纹，底部尤甚。内
壁满釉，外壁施釉不及底，露淡红胎。

030

诸暨市
西晋永宁二年（302年）墓

位于诸暨市牌头镇原蚕桑学校内，墓葬情况不明。
出土的青瓷狗圈与灶见于《浙江纪年瓷》（浙江省
博物馆编，文物出版社，2000年）。

1.青瓷狗圈

浙江省博物馆藏

口径9.2、底径7.3、高3.5厘米

圈作小碗形，内侧卧一堆塑的狗。弧敛口，浅弧腹，
小平底。口沿下有细凹弦纹一道。青黄釉。圈外腹
施釉不及底。

2.青瓷灶

浙江省博物馆藏

口径14.5、底径10.5、高8.5厘米

尖头船首状上翘，尾端平直。顶面有两圆孔，各置
一釜。尾端中间有一方形火门。青黄釉，内外通体
施釉。

1.青瓷狗圈

2. 青瓷灶

031 上虞区
西晋永兴二年（305年）墓

砖室墓，墓室已毁，结构不清。墓砖侧面有"永兴二年七月三日寿田氏造"铭文。

残存青瓷钵1件。

青瓷钵

上虞博物馆藏

口径 17、底径 12.3、高 8.5 厘米

弧敛口，深弧腹，大平底。口沿下有细凹弦纹两组各三道，两组凹弦纹之间为网格纹。外底不施釉。

032 绍兴市
西晋永嘉七年（313年）墓

1987年12月，绍兴县上蒋乡砖瓦厂在凤凰山北麓取土时发现一座古代砖室墓。上蒋乡政府向文物部门报告后，绍兴县文管所随即派出考古人员赶赴现场清理。凤凰山位于绍兴县城东约10千米，是会稽山向东延伸的小支脉。墓葬依凤凰山北坡而筑，编号为绍M309。墓葬由甬道和墓室组成，方向220°，全长5.35米。甬道长1.4、宽0.83、高1.2米。墓室长3.95、宽1.73、高2米，后部砌有两砖厚的棺床。墓壁用砖三顺一丁叠砌，墓底用砖二横二顺铺墁。墓砖长32、宽15、厚5厘米，部分墓砖侧面模印"永嘉七年二月造作"字样。

1. 越窑青瓷堆塑罐
绍兴市柯桥区博物馆藏
底径14.5、高50厘米
由上下两部分组成。上部为堆塑部分，堆塑楼阁和人物。第一层四角立阙，前后各设一殿，以蹲狮为门柱，柱旁各有一个双手握于胸前的跪姿人物，左右各塑三个人物。第二层主体为环形建筑，屋面平缓，四面开门，屋顶加一四壁开窗的攒尖顶方阁。主体建筑周绕回廊，每面开一门，与内相通。回廊四角各设庑殿顶望楼，均两壁设窗。下部为罐体，腹壁贴塑六个人物，皆手持一棒形物，姿态各异。全器施满釉，釉色均匀。

2. 越窑青瓷罐
绍兴市柯桥区博物馆藏
口径8.8、底径7、高11.5厘米
直口，短颈，深弧腹，腹下部渐收至底，平底内凹。肩部弦纹双圈内拍印斜方格纹带，对称贴塑铺首衔环及双竖系，系面刻划叶脉纹。黄胎。青釉。外施釉至下腹，外底部露胎无釉。

3. 越窑青瓷洗
绍兴市柯桥区博物馆藏
口径27、底径13.5、高9.3厘米
直口，浅弧腹，平底内凹。上腹弦纹双圈内拍印斜方格纹带，下戳印圆圈纹一圈，饰凹弦纹一圈。灰黄胎。青黄釉，局部积釉，有开片。外施釉至下腹，外底部露胎无釉。

4. 越窑青瓷虎子
绍兴市柯桥区博物馆藏
长26.4、宽10、高16.8厘米
整体呈卧虎形，圆口，弧形提梁。腹部两侧刻划飞翼。造型丰满，逼真。通体施青釉。

5. 越窑青瓷灶
绍兴市柯桥区博物馆藏
长18.8、宽12.5、高10.7厘米
灶体呈舟形，头尖尾平，有灶门及火眼，灶上设釜、甑、勺等。黄胎。青黄釉。

6. 越窑青瓷水盂
绍兴市柯桥区博物馆藏
口径4、底径4、高3.5厘米
敛口，扁圆腹，平底内凹。口沿处饰凹弦纹一圈，上腹戳印数周菱形纹。灰白胎。青黄釉。

7. 越窑青瓷熏炉
绍兴市柯桥区博物馆藏
口径10、足径9.8、高8.6厘米
直口，圆肩，鼓腹，饼足微内凹。肩部弦纹双圈内戳印菱形纹带一圈，对称置横系；腹部错落镂三周圆形孔。灰胎。青釉。外施釉至足端，外底部露胎无釉。

8. 越窑青瓷罐
绍兴市柯桥区博物馆藏
口径8.4、底径7.1、高11.2厘米
直口，短颈，曲腹，腹下部渐收至底，平底内凹。肩部弦纹双圈内拍印斜方格纹带，对称贴塑铺首衔环及竖系。黄胎。青黄釉。外施釉至下腹，外底部露胎无釉。

1. 越窑青瓷堆塑罐

2. 越窑青瓷罐

3.越窑青瓷洗

4. 越窑青瓷虎子

5. 越窑青瓷灶

6. 越窑青瓷水盂

7. 越窑青瓷熏炉

8. 越窑青瓷罐

9. 越窑青瓷罐

绍兴市柯桥区博物馆藏

口径 9.4、底径 6.8、高 11.2 厘米

直口，短颈，曲腹，腹下部渐收至底，平底内凹。肩部弦纹双圈内拍印斜方格纹带，对称贴塑铺首衔环及竖系。灰黄胎。青黄釉，有积釉、流釉现象。外施釉至下腹，外底部露胎无釉。

10. 越窑青瓷火盆镳斗

绍兴市柯桥区博物馆藏

火盆口径 16.2、底径 9.9、高 6.3 厘米

镳斗口径 9.9、高 5.8 厘米

火盆平沿，斜腹，平底，下附三矮足。上腹饰数道凸弦纹，对称置一对半圆形鋬。外底刻有"徐龙"二字。

镳斗敞口，宽沿，圆腹，平底，底承圆锥形三足。口沿处置一短柄。灰白胎。青釉微泛黄。外底部露胎无釉。

11. 越窑青瓷狗圈

绍兴市柯桥区博物馆藏

口径 12、底径 9、高 4 厘米

圈舍形似浅碗，内塑一狗。直口，圆曲腹，平底微内凹。腹部镂两层小圆孔。灰黄胎。青黄釉。外底部露胎无釉。

12. 越窑青瓷鸡笼

绍兴市柯桥区博物馆藏

长 11.4、宽 10、高 5.2 厘米

整体呈卷棚状。平板基座，棚面刻有瓦棱。有三只鸡将头伸出笼外，笼顶立一展翅翘首的雏鸡，内外呼应，形象生动。笼外有两小碟。灰黄胎。青黄釉，剥釉现象严重。

13. 越窑青瓷猪圈

绍兴市柯桥区博物馆藏

口径 10.2、底径 9.7、高 4 厘米

整体呈圆形，周设栏杆，内塑一猪。灰黄胎。青黄釉，剥釉现象严重。外底部露胎无釉。

14. 越窑青瓷磨

绍兴市柯桥区博物馆藏

直径 10.6、通高 2.2 厘米

呈圆饼状，分上下两扇。上扇底面正中有一半圆形凹槽，下扇正中相对应处有一半圆形突起。灰黄胎。器表施釉，磨盘内面露胎。

15. 越窑青瓷筛

绍兴市柯桥区博物馆藏

口径 10.6、底径 9.4、高 2.2 厘米

圆形，直壁微弧，平底微内凹。内底刻划小方格仿筛孔。灰白胎。青釉。外施釉至下腹，外底部露胎无釉。

9. 越窑青瓷罐

10. 越窑青瓷火盆鐎斗

11. 越窑青瓷狗圈

12. 越窑青瓷鸡笼

13. 越窑青瓷猪圈

14. 越窑青瓷磨

15. 越窑青瓷筛

16. 铜钱（一组）

绍兴市柯桥区博物馆藏

直径 2.1 ~ 2.5 厘米

圆形方孔。

17. 铜镜

绍兴市柯桥区博物馆藏

直径 9.4、边厚 0.3 厘米

圆形。中心置一圆纽，以纽为中心饰神兽纹样，外围凸弦纹双圈。

18. 越窑青瓷罐

绍兴市柯桥区博物馆藏

口径 17.1、底径 12.6、高 22.3 厘米

敛口，丰肩，圆鼓腹，平底。外腹满饰戳印菱形纹带，下腹饰凹弦纹一圈。灰黄胎。青黄釉。外施釉至下腹，外底部露胎无釉。

19. 越窑青瓷盖罐

绍兴市柯桥区博物馆藏

器盖口径 7.6、高 3.7 厘米，器身口径 15.4、底径 10.4、高 16.7 厘米

由器盖和器身两部分组成。子母口。器盖直口，平沿，盖面鼓，中心置一半圆形纽。器身敛口，扁圆腹，平底。肩部对称置双横耳，外腹满饰弦纹圈。灰黄胎。青黄釉，剥釉现象严重。

20. 越窑青瓷盘

绍兴市柯桥区博物馆藏

口径 16.8、底径 12.6、高 3 厘米

敞口，斜腹，平底。内心饰凹弦纹双圈，外圈内对称贴塑三个耳杯及一个小勺。灰黄胎。青黄釉，局部积釉，较多开片。外底部露胎无釉。

16. 铜钱（一组）

17. 铜镜

18. 越窑青瓷罐

19. 越窑青瓷盖罐

20. 越窑青瓷盘

033 嵊州市
西晋建兴四年（316年）墓

2005年9月21日至25日在嵊州市黄泽镇前白泥塘村谢家山清理。"凸"字形券顶砖室墓，方向265°。由甬道和墓室两部分组成，通长6.12米。甬道长2.1米。墓室外宽2.1、残高1.2~1.8米。墓壁以三顺一丁的组合砌三组，然后以刀形砖券顶，铺地砖为横直错缝平铺一层。墓砖尺寸为长41、宽20、厚6.5厘米，长40、宽19、厚4~6.5厘米，长21、宽13.5~17、厚6.5厘米。墓砖平面一面为素面，一面饰方格斜线纹；侧面饰双鱼纹与钱纹，或"建兴四年八月廿日""大宽四百年十"等字样；端面饰"大绪四百五"等。

早期被盗，盗洞在墓室前部券顶处，出土青瓷盘口壶、槅、砚、钵、盏托、勺、碗以及滑石猪、铜棺钉等12件器物。

1. 青瓷盘口壶
嵊州市文物管理处藏

口径16、底径12.5、高32.5厘米

直口，盘口，喇叭形长颈，溜肩，扁圆腹较深，平底。肩部划凹弦纹三圈，对称置双竖耳。灰胎。青釉，布满开片。施釉不及底，外施釉至下腹，外底部露胎无釉。

2. 青瓷盘口壶
嵊州市文物管理处藏

口径13.7、底径10.6、高25.4厘米

直口，盘口，喇叭形长颈，溜肩，扁圆腹较深，平底。肩部划凹弦纹三圈，对称置竖耳。灰胎。青釉，布满开片。施釉不及底，外施釉至下腹，外底部露胎无釉。

3. 青瓷钵
嵊州市文物管理处藏

口径27、底径14.5、高9.5厘米

敞口，浅弧腹，平底微内凹。外腹划凹弦纹四圈；内心饰凹弦纹一圈。灰胎。青釉，有开片。施釉不及底，外施釉至下腹，外底部露胎无釉。

1. 青瓷盘口壶

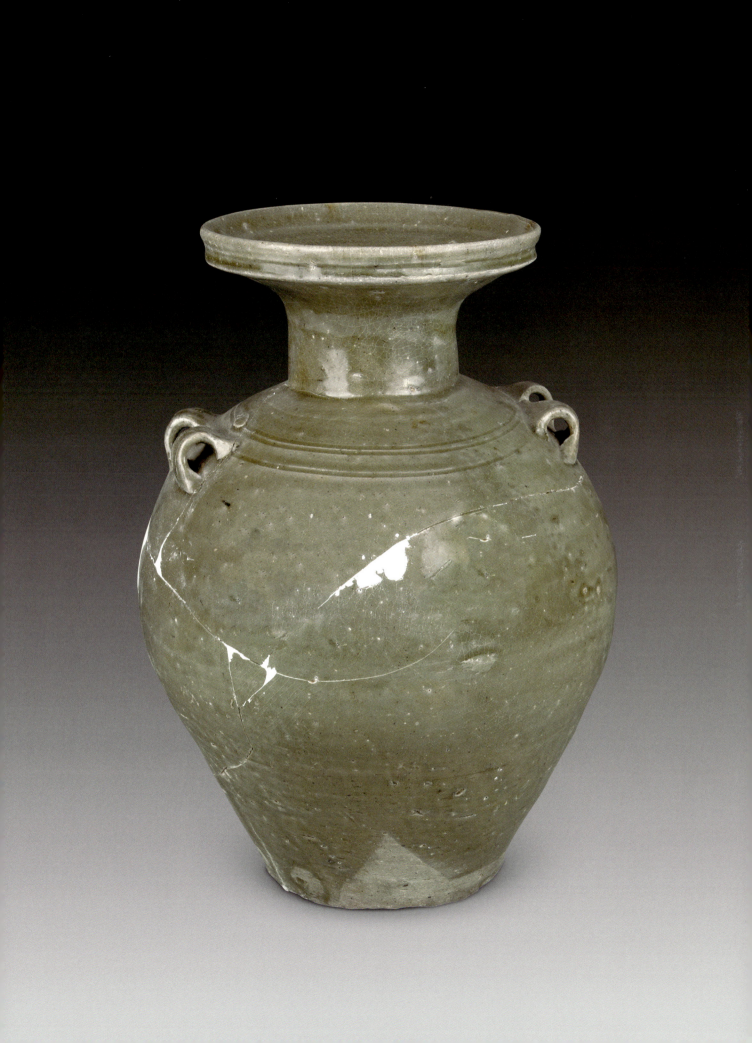

2. 青瓷盘口壶

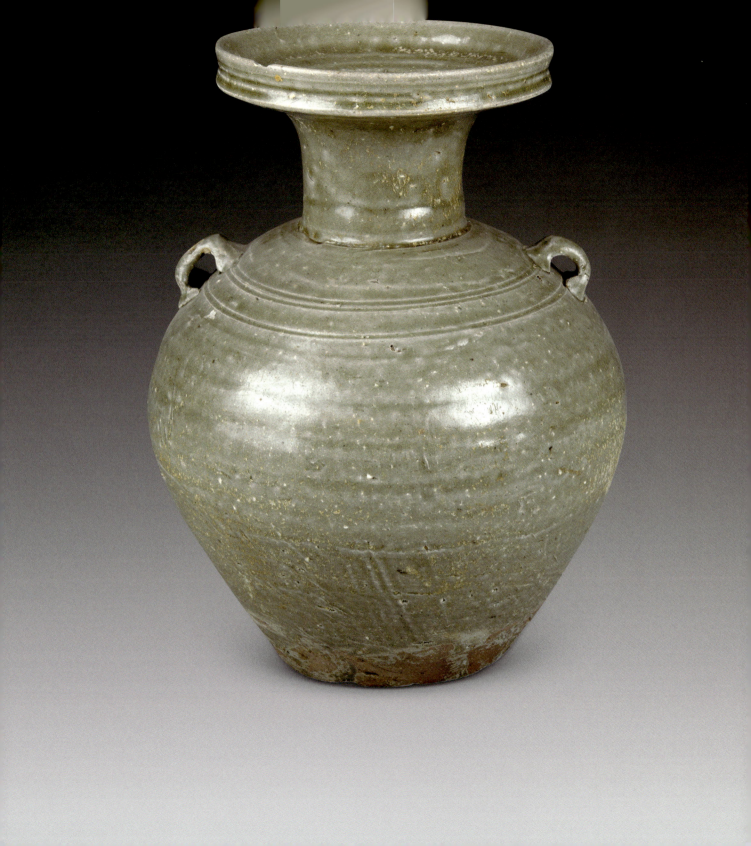

3. 青瓷钵

4. 青瓷砚

嵊州市文物管理处藏

口径 29、底径 29.2、高 5.8 厘米

直口微敛，直腹，平底，下承四足。灰胎。青釉，有开片。内心无釉。内心有多处泥点垫烧痕。

5. 青瓷盏托与勺

嵊州市文物管理处藏

盏口径 8.7 厘米，托口径 14、底径 11.2、高 2.6 厘米

勺长 7.5、口径 4.3 厘米

通高 4.7 厘米

盏托由内外两部分组成。内部为盏，敞口微束，浅坦腹，平底。外部为托盘，敞口，斜腹，平底。灰胎。青黄釉。全器满施釉，外底部露胎无釉。

勺灰胎。青黄釉。全器满施釉，外底部露胎无釉。

6. 青瓷槅

嵊州市文物管理处藏

口径 18.3、底径 18.3、高 3.5 厘米

失盖，仅余器身。子口，直口，直腹，平底。分为内外两圈，内圈不分格，外圈平分为八格。灰胎。青釉微泛黄，局部开片。通体施釉。外底部有泥点垫烧痕。

4. 青瓷砚

5. 青瓷盏托与勺

6. 青瓷榍

7. **青瓷碗**

嵊州市文物管理处藏

口径 11、底径 6.7、高 4.3 厘米

敞口微束，直腹微曲，平底。灰胎。青釉，剥釉
现象较严重。通体施釉。外底部有五处泥点垫烧痕。

8. **青瓷碗**

嵊州市文物管理处藏

口径 9、底径 5、高 3.5 厘米

敞口微束，浅弧腹，平底。灰胎。青釉，剥釉现
象严重。施釉不及底，外施釉至下腹，外底部露

胎无釉。外底部有泥点垫烧痕。

9. **滑石猪**

嵊州市文物管理处藏

长 6.3、宽 1 厘米

整体呈长方体，刀刻线条简单，粗具豚形。简洁
刻划出嘴、耳、腿部、脊背、豚毛。

10. **铜棺钉（一组）**

嵊州市文物管理处藏

长 27 ~ 30 厘米

共 5 枚。扁长形，钉面作覆斗形。

7、8.青瓷碗

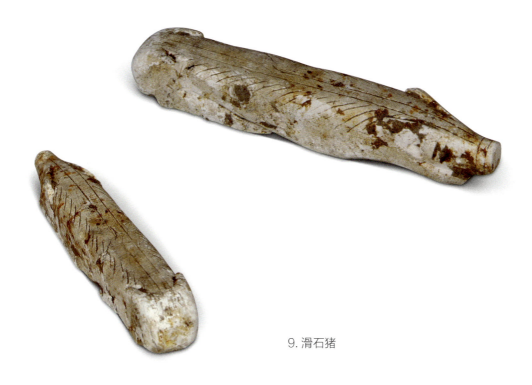

9. 滑石猪

10. 铜棺钉（一组）

TOMBS AND PORCELAIN
WITH DATES
FROM SHAOXING ZHEJIANG

浙江纪年墓与纪年瓷

绍兴卷 下

浙江省文物考古研究所 编

文物出版社

034 新昌县
东晋大兴三年（320年）墓

位于新昌县羽林街道大岙底村。1976年8月，在该村云居寺山南麓建房时发现并清理，编号为新昌17号墓。长方形券顶砖室墓，清理时仅存残长1.6米的后半室，墓室全长约5.3、宽1.47米。墓壁砌法为三顺一丁，叠砌两组后起券。后室墓底为平砖横铺，前室为"人"字错缝铺法。墓砖分长方形砖和楔形砖两类。长方形砖长37、宽18、厚6厘米，纹饰有两种：一种一端为人纹，另一端为鸟纹，一侧为双鱼与钱纹，另一侧为鱼、钱、木梳纹；另一种一端有"董夏"字样，一端为钱纹，两侧为双鱼与钱纹。楔形砖皆为铺地砖，两侧厚薄略有不同，砖上有"大兴三年八月十日董公雅伯七世郎"铭文。墓已遭破坏，出土青瓷钵1件、水盂1件、水井1件、碗2件、小钵3件。此外尚有铜鐎斗柄1件，鐎斗已腐朽。

1. 青瓷水盂
新昌博物馆藏
口径4.2、腹径7.3、足径4.4、高4厘米
平唇，扁鼓形，假圈足向外微撇。口沿有双弦纹，肩部至腹部为斜网纹。灰白胎呈火红色。釉色青灰，釉层较薄。通体施釉。

2. 青瓷钵
新昌博物馆藏
口径26、底径13、高11厘米
平口微敛，弧腹。外口沿下饰双弦纹，下有斜网纹，再下饰联珠纹带，联珠纹带上下各有一道弦纹。灰白胎。釉色青灰，釉层较厚，除底部外通体施釉。

3. 青瓷水井
新昌博物馆藏
口径7.2、底径8.4、高15厘米
浅口平唇，折肩，筒腹略呈圆锥形，平底微内凹。肩部有斜网纹饰带。釉色青中带灰。通体施釉。

4. 青瓷碗
新昌博物馆藏
口径16、底径8、高6厘米
口微敞，直腹下收，平底微内凹。外口沿下划粗弦纹一道，下为网格纹。胎质细腻，呈青灰色。釉色青绿。施釉不及底。

5. 青瓷碗
新昌博物馆藏
口径16.5、底径8、高6.5厘米
破损严重。直口微敞，下腹急收，平底微凹。口沿下有弦纹一道。釉色青中带灰。施釉不及底。

6. 青瓷碗
新昌博物馆藏
口径16、底径8、高6厘米
口微敞，直腹下收，平底微内凹。口沿下划粗弦纹一道。胎质细腻，呈青灰色。施釉不及底，釉层皆已脱落。

7. 青瓷小钵
新昌博物馆藏
口径10、底径5、高3.5厘米
器形较小。直口微敞，下腹急收，平底微凹。釉色青中带灰。施釉不及底。

8. 铜鐎斗柄
新昌博物馆藏
长13厘米
柄呈S形，直把末端呈龙头状。

1. 青瓷水盂

2. 青瓷钵

3. 青瓷水井

4. 青瓷碗

5. 青瓷碗

6. 青瓷碗

7. 青瓷小钵

8. 铜鐎斗柄

035

上虞区
东晋太宁元年（323年）墓

1989年10月在上虞蒿坝乡（今属曹娥街道）清理。长方形券顶砖室墓，方向165°。长4.75、宽0.9、残高1.7米。墓室分为前室和后室。墓壁以五顺一丁再六顺一丁砌筑，在距墓底0.87米处起券。封门砖单层错缝平砌，五层以上用毛坯石叠砌。墓砖有长方形平砖、刀形砖两种，平砖长34、宽15、厚5厘米。墓砖有隶书"泰宁元年八月十六所作"铭文。

早年被盗，出土青瓷碗2件。

1. 青瓷小碗

上虞博物馆藏

口径6、底径4、高2.5厘米

弧敛口，浅弧腹，小平底。口沿下有凹弦纹一道。青釉。外腹施釉不及底。

2. 青瓷碗

上虞博物馆藏

口径13.3、底径8.8、高6.8厘米

敞口微敛，斜曲腹，饼足。灰胎。青黄釉。通体施釉，唯外底部露胎无釉。内心有五处叠烧痕。

1. 青瓷小碗

2. 青瓷碗

036

嵊州市
东晋永和七年（351 年）墓

1985 年 1 月在嵊县城关镇（今嵊州市剡湖街道）北剡山统建工地清理。刀形砖室墓，方向 162°。由甬道和墓室两部分组成，墓室距地面 1.3 米，通长 4.33 米。甬道偏于墓室东侧，长 0.53、宽 0.82 米。墓室分为前后两室。前室长 0.73、宽 1.22、残高 0.54 米。后室比前室高出一层平砖，长 3.07 米。墓壁以四顺一丁的组合砌成，墓墙厚 0.155 米。铺地砖为横直错缝平铺。墓砖长 31、宽 15.5、厚 5 厘米。墓砖一端有铭文"永和七"，另一端有"作"字和一条鱼；一侧有铭文"年九月十五日"，另一侧饰三枚钱纹。

出土青瓷盘口壶、罐、洗、盘、碗及陶纺轮、铜镜、铁剪刀、铜钱等 10 件器物。

1. 青瓷罐

嵊州市文物管理处藏

口径 10.9、腹径 16.5、底径 8、高 13.6 厘米

直口微敞，丰肩，深弧腹，平底。肩部饰凹弦纹多圈，置四横系，两两对称。灰胎。青釉，有开片，有积釉、流釉现象。施釉不及底，外施釉至下腹，外底部露胎无釉。

2. 青瓷盘口壶

嵊州市文物管理处藏

口径 10.6、腹径 15.4、底径 9.2、高 16.2 厘米

直口，盘口，喇叭形长颈，折肩，深弧腹，平底。肩部饰凸弦纹一圈，对称置四横系；上下腹相交处饰凸弦纹一圈。灰胎。青釉。外施釉至足端，外底部露胎无釉。

3. 青瓷洗

嵊州市文物管理处藏

口径 20、底径 10、高 7 厘米

敞口，宽折沿，沿部微上翘，浅弧腹，平底。外腹划凹弦纹多圈。灰胎。青釉。外底部露胎无釉。内心有叠烧泥点痕。

4. 青瓷盘

嵊州市文物管理处藏

口径 14.7、底径 10、高 3.3 厘米

敞口，浅弧腹，平底。灰胎。青灰釉。施釉不及底，外施釉至下腹，外底部露胎无釉。外底部有七处泥点垫烧痕。

5. 青瓷碗

嵊州市文物管理处藏

口径 9.4、底径 5、高 3.1 厘米

敞口，浅弧腹，平底。灰胎。青黄釉。施釉不及底，外施釉至下腹，外底部露胎无釉。外底部有四处泥点垫烧痕。

6. 铜镜（一组）

嵊州市文物管理处藏

直径 9.9、厚 0.3 厘米

共 2 面。整体呈圆形。中心置一半球形纽，纽座外对称有八小乳，间以花枝纹，其外环以连弧纹和栉齿纹带。宽素缘。

7. 陶纺轮

嵊州市文物管理处藏

直径 3.3、高 2.4 厘米

两头圆弧形，无纹饰。

8. 铜钱

嵊州市文物管理处藏

直径 2.55 厘米

五铢钱。

1. 青瓷罐

2. 青瓷盘口壶

3. 青瓷洗

4. 青瓷盘

5. 青瓷碗

6. 铜镜（一组）

 7. 陶纺轮

8. 铜钱

037 ## 嵊州市
东晋永和七年（351年）墓

1986 年 1 月 18 日在嵊县城关镇（今嵊州市剡湖街道）北剡山统建工地清理。"凸"字形砖室墓，方向 120°。由甬道和墓室两部分组成，通长 5.52 米。甬道长 0.72、宽 0.92、残高 0.61 米。封门墙在甬道内，厚 0.5 米，两侧有挡土墙。墓室长 4.8、宽 1.28、残高 0.61 米。墓墙厚 0.18 米。墓壁以四顺一丁的组合砌成。铺地砖三层，下层为"人"字形平铺，上层横直错缝平铺，中层直铺留出六条排水沟。墓砖有长方形和刀形两种。长方形砖长 36、宽 18、厚 5.5 厘米，平面饰方格斜线纹，侧面饰鱼纹和四出五铢钱纹，端面饰鱼纹。刀形砖有多种规格，砖侧有"永和七年一月廿日贾作口口"铭文。出土青瓷碗、银环、铜钱等 6 件器物。

1. 铜钱

嵊州市文物管理处藏

直径 2.6、穿边长 1 厘米

对读大泉五十，篆书。

2. 银环

嵊州市文物管理处藏

直径 1.9 厘米

共 3 件。

3. 青瓷碗

嵊州市文物管理处藏

口径 12、底径 6.2、高 4.75 厘米

敞口近直，浅弧腹，平底。外口沿下饰凹弦纹一圈。灰黄胎。青黄釉。施釉不及底，外施釉至下腹，外底部露胎无釉。

4. 青瓷碗

嵊州市文物管理处藏

口径 8.1、底径 4.5、高 3.1 厘米

敞口近直，浅弧腹，平底。外口沿下饰凹弦纹一圈。灰胎。青釉。施釉不及底，外施釉至下腹，外底部露胎无釉。

1. 铜钱

2. 银环

3. 青瓷碗

4. 青瓷碗

038 嵊州市
东晋永和七年（351年）墓

1986年1月19日在嵊县城关镇（今嵊州市剡湖街道）北剡山统建工地清理。"凸"字形砖室墓，方向120°。由甬道和墓室两部分组成，通长5.56米。甬道长1.26、宽0.87、残高0.62米。封门墙在甬道内，厚0.54米。墓室长4.3、宽1.24、残高0.52米。墓墙厚0.18米。墓壁以四顺一丁的组合砌成。铺地砖三层，下层为"人"字形平铺，上层横直错缝平铺，中层直铺留出六条排水沟。墓砖有长方形和刀形两种。长方形砖长36、宽18、厚5.5厘米，平面饰方格斜线纹，侧面饰鱼纹和四出五铢钱纹，端面饰鱼纹。刀形砖多种，砖侧有"永和七年""大在己酉"铭文。

出土青瓷碗、罐及铁镶斗等4件器物。

1. 青瓷罐

嵊州市文物管理处藏

口径10.8、腹径22、底径14、高20.3厘米

口残，短束颈，溜肩，垂腹，平底。肩部饰凹弦纹多圈，置四横系，两两对称。灰黄胎。青釉泛黄，有积釉、流釉现象。施釉不及底，外施釉至下腹，外底部露胎无釉。

2. 青瓷碗

嵊州市文物管理处藏

口径14、底径8.5、高5.6厘米

敞口近直，浅弧腹，平底。外口沿下饰凹弦纹一圈。灰胎。青釉微泛黄。通体施釉。外底部有泥点垫烧痕。

3. 青瓷碗

嵊州市文物管理处藏

口径14、底径9.1、高6厘米

敞口近直，浅弧腹，平底。外口沿下饰凹弦纹一圈。灰胎。青釉微泛黄，有积釉现象。施釉不及底，外施釉至下腹，外底部露胎无釉。

1. 青瓷罐

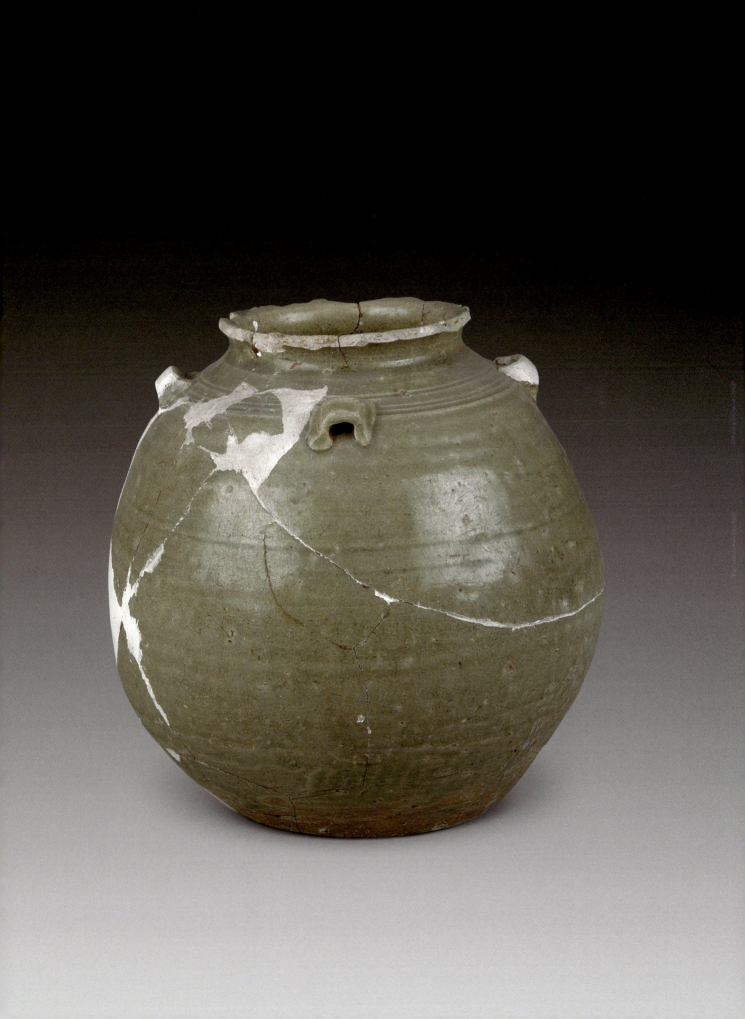

2. 青瓷碗

3.青瓷碗

039

诸暨市
东晋永和十一年（355年）墓

位于诸暨市牌头镇，墓葬结构不清。出土器物见于《浙江纪年瓷》（浙江省博物馆编，文物出版社，2000年）。

青瓷钵
浙江省博物馆藏
口径17、底径11、高7.8厘米
弧敛口，浅弧腹斜收，大平底。口沿上等距对称设点彩四组，每组两点。口沿下有细凹弦纹三道。青黄釉。外腹施釉不及底。

040

诸暨市
东晋兴宁二年（364年）墓

位于诸暨市牌头镇，墓葬结构不清。出土器物见于《浙江纪年瓷》（浙江省博物馆编，文物出版社，2000年）。

1. 青瓷盘口壶

浙江省博物馆藏

口径12.9、底径10.3、高21.4厘米

大盘口，粗长颈，圆肩，鼓腹弧收，平底。肩部有条带状网格纹，上下为细凹弦纹，网格纹与弦纹上贴塑对称的桥形耳与铺首各一对。青黄色釉。外腹施釉不及底。

2. 青瓷洗

浙江省博物馆藏

口径23.9、底径13.5、高9.8厘米

直口微敞，直腹，大平底。口沿下有两道凸弦纹，其下为条带状网格纹，再下为细凹弦纹。青黄釉。外底不施釉。

1. 青瓷盘口壶

2. 青瓷洗

041 嵊州市
东晋太和三年（368 年）墓

1986 年 5 月 5 日在嵊县城关镇（今嵊州市剡湖街道）北剡山统建工地清理。"凸"字形砖室墓，方向 170°。由甬道和墓室两部分组成，通长 5.68 米。甬道长 0.88、宽 1.02、残高 0.9 米。封门墙在甬道内，厚 0.35 米。墓室长 4.8、宽 1.56、残高 1.5 米，墓室前西边砌一祭台，长 84、宽 73、高 40 厘米，上面放置四只小碗。墓墙厚 0.18 米。墓壁以四顺一丁的组合砌成。铺地砖三层，下层为"人"字形平铺，上层横直错缝平铺，中层直铺留出六条排水沟。后壁正中距地 1.17 米高处砌一壁龛，宽 20、高 18、深 16 厘米，内放两只小碗。墓砖有长方形和刀形两种。长方形砖长 35、宽 17.5、厚 5.5 厘米，平面饰方格斜线纹，侧面饰两条鱼纹间以钱纹或铭文"太和三年六月廿七日造"，端面饰铭文"宽"字或鱼纹。刀形砖多种。

出土青瓷鸡首壶、罐、碗及铜镜、铜钱等 16 件器物。

1. 青瓷鸡首壶

嵊州市文物管理处藏

口径 11.5、底径 11.1、高 23.3 厘米

盘口，喇叭形长颈，丰肩，肩部曲柄连接口部与肩部，扁圆腹，平底微内凹。口沿处对称置褐色点彩装饰，鸡头眼部饰褐色点彩。肩部划凹弦纹多圈，对称置鸡首流、曲柄、泥条竖系。灰胎。青釉。施釉不及底，外施釉至下腹，外底部露胎无釉。

2. 青瓷罐

嵊州市文物管理处藏

口径 14.5、腹径 20.8、底径 11.4、高 17.8 厘米

直口微敞，丰肩，深弧腹，平底微内凹。肩部划凹弦纹双圈，对称置双竖耳，耳上拍印叶脉纹。灰褐色胎。青釉微泛黄。施釉不及底，外施釉至下腹，外底部露胎无釉。

3. 青瓷罐

嵊州市文物管理处藏

口径 17.9、底径 13、高 22.1 厘米

盘口，短束颈，溜肩，深弧腹，平底微内凹。肩部划弦纹多圈，置四泥条横系，两两对称。灰黄胎。青黄釉，剥釉现象严重。

1. 青瓷鸡首壶

2. 青瓷罐

3. 青瓷罐

4. 青瓷罐

嵊州市文物管理处藏

口径 10.9、底径 12.2、高 13.5 厘米

盘口，短束颈，溜肩，垂腹，平底。肩部划弦纹多圈，置四泥条横系，两两对称。外施釉至足端，外底部露胎无釉。

5. 青瓷罐

嵊州市文物管理处藏

口径 6.3、底径 4.4、高 7 厘米

直口，短颈，丰肩，深弧腹，平底。肩部划凹弦纹双圈，置四泥条横系，两两对称。灰胎。青黄釉，有开片和积釉现象。施釉不及底，外施釉至下腹，外底部露胎无釉。

6. 青瓷碗

嵊州市文物管理处藏

口径 18.8、底径 10.2、高 7.6 厘米

敞口近直，浅弧腹，平底微内凹。外口沿下划凹弦纹双圈。生烧。灰黄胎。灰白釉，有流釉现象。施釉不及底，外施釉至下腹，外底部露胎无釉。

7. 青瓷碗

嵊州市文物管理处藏

口径 15、底径 9.2、高 6.8 厘米

敛口，斜腹，平底微内凹。外口沿下划凹弦纹双圈，腹部划弦纹多圈。灰胎。青釉，有积釉、剥釉现象，剥釉严重。施釉不及底，外施釉至足端，外底部露胎无釉。外底部有泥点垫烧痕。

8. 青瓷碗

嵊州市文物管理处藏

口径 15.9、底径 8.4、高 5.8 厘米

敞口，圆折腹，上腹斜直，下腹斜收，平底微内凹。外口沿下饰凹弦纹一圈。灰胎。青黄釉，有开片，剥釉现象严重。施釉不及底，外施釉至下腹，外底部露胎无釉。

9. 青瓷碗

嵊州市文物管理处藏

口径 15.9、底径 8.4、高 5.8 厘米

敞口，圆折腹，上腹斜直，下腹斜收，平底微内凹。外口沿下饰凹弦纹一圈。灰白胎。青黄釉，有开片及积釉现象。施釉不及底，外施釉至下腹，外底部露胎无釉。

10. 青瓷碗（一组）

嵊州市文物管理处藏

口径 8.1 ~ 9.7、底径 4 ~ 5、高 3.2 ~ 3.6 厘米

共 5 件。敞口近直，浅弧腹，平底微内凹。外口沿下有凹弦纹。灰胎。青釉或青黄釉，有剥釉、流釉或积釉现象。施釉不及底，外施釉至下腹，外底部露胎无釉。

11. 铜镜

嵊州市文物管理处藏

直径 9.3 厘米

圆形。半球形纽，双线方格纽座，内饰十二乳。内区作四方八等分，各饰一乳。外区有一周铭文。

12. 铜钱

嵊州市文物管理处藏

残。圆形方孔。篆书"货泉"二字。

4. 青瓷罐

5. 青瓷罐

6、7.青瓷碗

8.青瓷碗

9. 青瓷碗

10. 青瓷碗（一组）

11. 铜镜

12. 铜钱

两端有万字纹，一侧为三线纹，一侧有隶书"太和五年八月十五日作庚午"铭文。

因早期严重盗扰，仅出土青瓷四系罐 1 件。

青瓷四系罐

新昌博物馆藏

口径 9.5、腹径 15 厘米、底径 9.4、高 13 厘米

直口微敞，弧腹，平底略内凹。肩部饰弦纹两道，置四系。青灰色胎。施薄釉，釉色青中带黄。该器残缺半只，釉多处剥蚀。

042

新昌县
东晋太和五年（370 年）墓

在新昌县回山镇田平村下里山南坡。1974 年开辟茶山时发现，当年 11 月清理。此墓已有破坏痕迹。墓室残长 2.3 米。墓后壁残高 0.38 米，砌法为三顺一丁。铺地砖呈席纹。墓砖长 36、宽 16、厚 5.6 厘米，

043 诸暨市
东晋太元八年（383年）墓

1982年4月18日在诸暨璜山金矿豇豆山清理。刀形墓。出土"泰元八年八月十日"纪年铭墓砖。清理出土随葬器物6件，包括青瓷盘口壶、四系罐、碗、盏等。

1. 青瓷盘口壶

诸暨市博物馆藏

口径13、底径11.5、高23.6厘米

浅盘口，丰肩，弧腹，最大径位于中腹部，平底。肩部饰一周弦纹，附半环形双系。口沿施四处褐色点彩。釉色青黄，下腹和底部不施釉，露赭红胎。腹部有流釉、剥釉现象。

1. 青瓷盘口壶

2. 青瓷四系罐

诸暨市博物馆藏

口径 12.5、底径 11.5、高 18.5 厘米

直口微敞，溜肩，上腹鼓出，下腹内收，平底内凹。口沿施四处褐色点彩。肩部饰一道凹弦纹，等距贴附四桥形系。施釉不及底。外壁见细密冰裂纹。外底有十处泥点垫烧痕。

3. 青瓷碗

诸暨市博物馆藏

口径 26.3、底径 14.2、高 11.7 厘米

微敛口，平唇，弧腹，平底内凹。器内外施青釉，多开片。口沿刮釉，有泥点间隔痕。外壁施釉不及底，露赭色胎。外底有数处泥点垫烧痕。

4. 青瓷碗

诸暨市博物馆藏

口径 19.5、底径 11、高 8 厘米

敛口，弧腹，平底内凹。外口沿有两道弦纹。内外施青釉，外壁施釉不及底。可见细小冰裂纹。外底有六处泥点垫烧痕。

5. 青瓷碗

诸暨市博物馆藏

口径 13、底径 8、高 5.5 厘米

敛口，弧腹，平底。外口沿有一道弦纹。腹部有明显的拉坯痕迹。内外施青釉，外壁施釉不及底。

6. 青瓷盏

诸暨市博物馆藏

口径 9、底径 4.5、高 3.4 厘米

直口微敛，弧腹，平底内凹。口沿施四处褐色点彩。外口沿有一道弦纹。内外施青釉，呈青黄色，外壁施釉不及底，露灰色胎。

2. 青瓷四系罐

3. 青瓷碗

4. 青瓷碗

5.青瓷碗

6.青瓷盏

044

新昌县
东晋太元十年（385 年）墓

位于新昌县羽林街道新中村。1982 年 11 月当地村民发现此墓，12 月由新昌县文物部门进行清理。该墓在莲花岭脚披蓑衣山西坡，系长方形砖室墓，方向 18°。墓室已遭破坏，残长 3.3、宽 1.2 米。墓壁残高 1.5 米，砌法为三顺一丁，叠砌两组后平砌起券。墓底砖"人"字形错缝平铺。墓砖分长方形、楔形两类，长方形砖长 36、宽 17、厚约 6 厘米。砖平面饰五铢与箭羽组合纹，两侧两端皆为长方框，框内有铭文"太元十"。

出土青瓷盘口罐 1 件、四系罐 1 件、水盂 1 件。

1. 青瓷盘口罐

新昌博物馆藏

口径 10、腹径 15.5、底径 12.2、高 15.5 厘米

盘口，短颈，削肩，鼓腹。颈至肩部饰弦纹四道，肩部置四系。灰白胎。青绿釉。施釉不及底。

2. 青瓷四系罐

新昌博物馆藏

口径 10、腹径 14、底径 8、高 11 厘米

直口微敞，圆弧腹，平底。肩部置四横系。口沿有四处褐斑点彩。青绿釉闪灰。外腹施釉不及底。

3. 青瓷水盂

新昌博物馆藏

口径 4.5、腹径 7.2、足径 4.3、高 3.9 厘米

口微敛，扁鼓腹，假圈足。颈肩相交处饰阴刻弦纹两道。灰白胎。青灰釉。内外施釉，外底不施釉。

1. 青瓷盘口罐

2. 青瓷四系罐

3. 青瓷水盂

045

上虞区
东晋太元十三年（388年）墓

1992年在上虞驿亭镇谢家岸后头山清理。"凸"字形券顶砖室墓，方向310°。券顶已坍塌，残高0.84米。甬道长2、宽0.82米。墓室长4.14、宽1.6~1.72米。墓壁为六顺一丁、三顺一丁交互叠砌，墓底砖已被破坏，墓前有砖砌下水道。墓砖长32、宽16、厚4厘米。墓砖铭文为"太元十三年

□□□"。

早年被盗，出土青瓷唾壶，在墓室填土内发现青瓷魁、罐、洗、碗等残器。

青瓷碗

上虞博物馆藏

口径8.4、底径5、高3.1厘米。

直口，圆折腹，上腹竖直，下腹斜收，平底微内凹。外口沿下深划凹弦纹一圈，内心有深凹弦纹双圈。灰胎，胎质较粗。青釉。施半釉，外底部露胎无釉。内心有叠烧痕。

046 新昌县 东晋太元十八年（393年）墓

位于新昌县羽林街道大岙底村。1977年11月在该村象鼻山东麓发现，次年3月进行清理，编号为新昌20号墓。长方形砖室墓，方向87°。墓室长3.8、宽0.86米。券顶已倒塌，壁厚0.18米，墓底铺砖呈席纹。长方形墓砖长36、宽18、厚6厘米，一侧有"太元十八年"铭文。

该墓出土青瓷四系罐1件、盘口壶2件、洗1件、碗2件、砚1方（残）以及铜镜1面。

1. 青瓷砚

新昌博物馆藏

口径11.5、底径11.5、残高2.8厘米

该砚残余半块。圆形，浅口略侈，口沿为三角形，平底，两残足。器外施青釉，釉层较厚。

2. 青瓷盘口壶

新昌博物馆藏

口径12、腹径17.7、底径10.5、高21.9厘米

圆腹，平底微内凹。口开裂，口沿处施四处褐色斑彩。外口沿饰弦纹；肩部有弦纹两道，置双系，系间对称置两贴花鸡首装饰。胎色微火红。淡青釉，釉层较薄。外腹施釉不及底。

1. 青瓷砚

2. 青瓷盘口壶

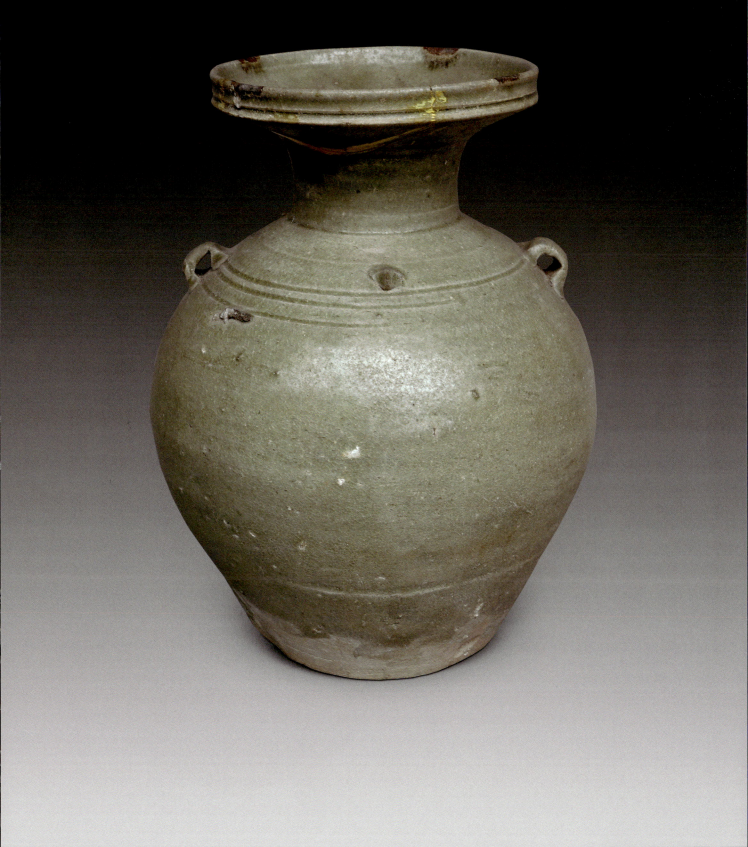

3. 青瓷盘口壶

新昌博物馆藏

口径 10.5、腹径 14.8、底径 7.5、高 17.8 厘米
盘口，喇叭形长颈，圆鼓腹，平底。口沿处有四处
褐彩。肩部有二密一稀共三道弦纹，对称置双系，
双系间对称贴鸡首装饰。胎质细腻，呈青灰色。青
绿釉。外底不施釉。

4. 青瓷四系罐

新昌博物馆藏

口径 13.2、腹径 21、底径 11.5、高 19.8 厘米
直口，鼓腹下渐收，平底略内凹。肩部有弦纹一道，
置四个桥形系，系上及口沿处有褐色斑点。淡青釉。
外底不施釉。

3. 青瓷盘口壶

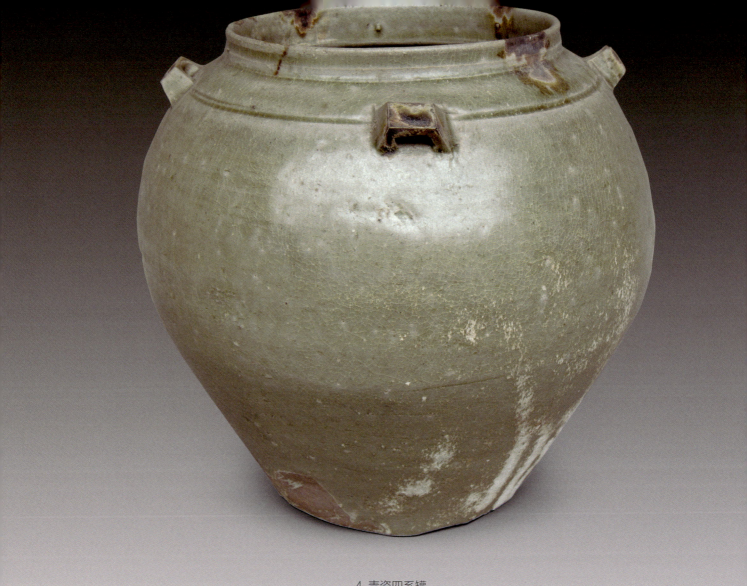

4. 青瓷四系罐

5. 青瓷碗

新昌博物馆藏

口径 14.3、足径 9.4、高 5.8 厘米

直口微敛，假圈足。口沿及内心饰弦纹。釉色青灰。通体施釉，内外底均有泥点痕。

6. 青瓷碗

新昌博物馆藏

口径 14.3、腹径 14、足径 9.5、高 5.8 厘米

直口微敛，假圈足。外口沿有一道弦纹。通体施釉，内外底均有泥点痕。

7. 青瓷洗

新昌博物馆藏

口径 19.5、腹径 17.5、底径 12、高 7.6 厘米

敞口。口沿处有四处褐斑点彩。口沿及腹部饰弦纹。外底不施釉。

8. 铜镜

新昌博物馆藏

直径 10.5、厚 0.5 厘米

圆形。半圆纽，纽周有四尊趺坐的罗汉像，间有四乳丁，旁为云纹，外为竖线组成的圈纹。

5. 青瓷碗

6.青瓷碗

7. 青瓷洗

8. 铜镜

047
新昌县
东晋太元十八年（393年）墓

位于新昌县羽林街道大岙底村。1977年11月在该村象鼻山东麓发现，次年3月进行清理，编号为新昌21号墓。刀形券顶砖室墓，方向178°。总长4.82、宽1.34米。甬道长0.9、宽1.12米，甬道口有排水道。墓室券顶已倒塌，残高1.28米，砌法为三顺一丁，砌三组后起券，顶已坍塌。墓底铺砖呈席纹。长方形墓砖长36、宽18、厚6厘米。有隶书阳文"太元十八年八月六日梁孜"铭文砖。该墓出土青瓷四系罐1件、双系盘口壶2件、洗1件、碗2件，铜镜1面，墨1锭，铜钱10余枚（锈蚀严重）。

1. 青瓷盘口壶
新昌博物馆藏

口径10.2、腹径14.8、底径7.3、高17.2厘米

盘口，深弧腹，小平底微内凹。口沿有四处褐斑点彩。肩部饰弦纹三道，置双系，双系间对称贴小鸡首装饰。浅青绿釉，釉层较厚。除底部外通体施釉。

2. 青瓷盘口壶
新昌博物馆藏

口径12.5、腹径18、底径9.5、高22.3厘米

盘口，深弧腹，腹下内收，平底微内凹。外口沿饰弦纹；肩部饰弦纹两道，对称贴竖系、鸡首形饰各一对。胎色微火红。淡青釉，釉层较薄。外腹施釉不及底。

3. 青瓷四系罐
新昌博物馆藏

口径17、腹径23、底径12、高20厘米

直口微敞，深弧腹，平底微内凹。颈部饰弦纹三道；肩部均匀分布四桥形系，系间等距贴模印含环铺首。口沿及系有褐斑点彩。淡青釉，釉层较薄。除外底外通体施釉。

4. 青瓷洗
新昌博物馆藏

口径19.5、足径12、高8厘米

敞口，深腹，平底，假圈足。外口沿饰弦纹，腹部饰弦纹三道。褐红胎。青釉略泛黄，釉层较厚。除外底通体施釉。

5. 青瓷碗
新昌博物馆藏

口径14、足径9.2、高5.7厘米

平口微敛，深腹，假圈足。外口沿饰弦纹。灰黄胎。淡青釉，釉层较厚。内外通体施釉。底部有五处泥点痕。

6. 青瓷碗
新昌博物馆藏

口径14.2、足径9.3、高6厘米

平口微敛，深腹，假圈足。灰黄胎。淡青釉，釉层较厚。内外通体施釉。

7. 墨块
新昌博物馆藏

最大一块长4、宽2、厚1.4厘米

残缺，碎裂成十余粒，形状不规则。根据《新昌文物志》记载，出土时形如锄头，圆头方口，上有几何纹。

8. 铜镜
新昌博物馆藏

直径8.5、厚0.35厘米

整体呈圆形。中心置一半球形纽，圆纽座，座外一周有四乳。半面纹饰因腐蚀已模糊不清，另半面纹饰似蟠螭纹又似水波纹。

1. 青瓷盘口壶

2. 青瓷盘口壶

3. 青瓷四系罐

4. 青瓷洗

5. 青瓷碗

6. 青瓷碗

7. 墨块

8. 铜镜

048 新昌县
东晋隆安元年（397年）墓

位于新昌县大市聚镇下王村。1976年2月在该村道场山东坡修巧英水库灌溉水渠时发现，共两座墓，间距1.1米，经清理编号为新昌14号墓、新昌15号墓。

此墓为新昌14号墓，系长方形券顶砖室墓，墓向80°。长3.46、宽0.77、高1.1米。墓壁砌法为四顺一丁，墓底铺砖呈"人"字形。墓砖纹样分三种：一种为一端饰鱼纹，一侧饰钱纹；一种为一侧有双鱼、铜钱纹；一种为一侧有"隆安元年太岁丁酉八月二十四日故记"铭文。

出土青瓷鸡头壶1件、碗1件、小碗1件，夹砂陶罐1件。

1. 青瓷鸡首壶

新昌博物馆藏

口径7.5、腹径18.5、底径12、高17.6厘米

盘口，桥形纽，鼓腹。鸡头有刻花羽毛纹，鸡尾残长1厘米。盘口、鸡眼、桥纽上有褐斑点彩。除外底外通体施釉。青灰釉闪黄。

2. 青瓷碗

新昌博物馆藏

口径14.5、足径6.5、高9厘米

直口微敞，弧腹，平底，极矮圈足。外口沿下刻一道深弦纹。青釉泛黄。通体施釉。

3. 青瓷小碗

新昌博物馆藏

口径8.8、底径4.8、高3.3厘米

直口微敛，弧腹，平底。外口沿下刻弦纹一道。青黄釉，釉层厚。除外底外通体施釉。

4. 夹砂陶罐

新昌博物馆藏

口径14.2、腹径22、底径10.5、高19.5厘米

敞口，短颈，溜肩，深弧腹，下腹急收，平底。肩部对称设两个桥形系。胎质粗，夹砂，色呈火石红。

1. 青瓷鸡首壶

2.青瓷碗

3. 青瓷小碗

4. 夹砂陶罐

049

新昌县
东晋隆安元年（397 年）墓

位于新昌县大市聚镇下王村。1976 年 2 月在该村道场山东坡修巧英水库灌溉渠道时发现，经清理编号为新昌 15 号墓。长方形券顶砖室墓，方向 68°。长 3.75、宽 0.74、高 0.77 米。墓壁砌法为三顺一丁，砌三组后起券，券顶弧度较大。墓底铺砖呈席纹。后壁居中开有壁龛一个。墓砖规格、纹饰及铭文均与新昌 14 号墓相同。出土器物仅有青瓷碗 1 件。

青瓷碗

新昌博物馆藏

口径 8.4、底径 5.5、高 3.4 厘米

直口微敛，弧腹，平底。外口沿下刻弦纹一道。青灰胎，胎质细腻。青黄釉。通体施釉。

050

嵊州市
东晋义熙二年（406年）墓

位于嵊州市甘霖镇上高村祠堂山。2016年5月16日，村民在附近从事农业生产活动时发现了古墓葬迹象，嵊州市文物管理处随即展开抢救性清理。"凸"字形砖室墓，拱券完整，墓向300°，编号M189。全长3.8米，由甬道、墓室两部分组成，前有排水沟。甬道长0.54、宽0.6米；墓室内长3.42、宽1、高1.51米；封门墙砌在甬道内，残高0.75米；排水沟残长3.22米，内宽0.045、深0.06米。砖室四壁规整，底部平坦。墓前端（封门、甬道上方）被破坏。墓壁砖砌方法为三顺一丁，共两组。距地平面0.71米处顺砖起拱，拱券高0.8米，墓墙厚度为半砖深（约18.5厘米）。后壁距地平面0.89米处砌一壁龛，宽12.5、高18.5厘米，龛内未见置物。封门墙为三顺一丁砌法。甬道墙身与墓圹间各砌一段护墙，用于加固甬道壁和封门墙。铺地砖砌法为两边横铺，中间为一横两纵错序排列。墓室拱券外顶后端铺设压顶砖。墓砖有长方形、楔形两种。长方形砖长36、宽18、厚5～5.5厘米；

楔形砖长36.5、宽18.5厘米，厚分别约为3.5厘米和5厘米。砖面刻印鱼纹及类似叶脉状的几何纹。墓砖上有铭文，为"义熙元年八月廿日袁□作宽""义熙二年八月廿""张种作"，据此推断该墓系东晋义熙二年（406年）袁姓墓葬，墓砖由工匠张种制作。墓葬被扰动，出土青瓷碗与滑石猪各2件。

1. 滑石猪（一对）
嵊州市文物管理处藏
长7.7、宽1、高1.3厘米
共2件。形态相同，大小一致。猪呈趴伏状，身体瘦长，背、身方平，臀部浑圆，后肢前曲，刻划简洁传神。

2. 青瓷碗
嵊州市文物管理处藏
口径10、足径7、高3.8厘米
直口，弧腹，近假圈足，平底略内凹。口沿下有凹弦纹一圈。胎质细腻，釉色青润，胎釉俱佳。外底留有六处支钉痕。

3. 青瓷碗
嵊州市文物管理处藏
口径15.7、底径9.5、高6厘米
敛口，弧腹，平底内凹。口沿下有凹弦纹一圈。釉色土黄斑驳。施釉不及底，整体脱釉严重。

1. 滑石猪（一对）

2. 青瓷碗

3. 青瓷碗

051 新昌县 东晋义熙九年（413年）墓

位于新昌县七星街道凤凰村仰庄湾自然村。1976年10月村民建房时发现，经清理编号为新昌18号墓。墓向60°。墓葬曾遭盗掘，墓室已残，长度无法测定，宽2.1米。墓壁残高1.32米，砌法为三顺一丁。铺底砖呈"人"字纹。墓砖长33、宽16、厚5.5厘米，正面饰五铢与箭羽组合纹，侧面饰鱼纹、钱纹，两端为"大宽""宽中"等铭文。

另有"义熙九年"铭文砖。

出土线形银镯1对、铜器柄1支，以及五铢钱若干。

1. 银镯（一对）

新昌博物馆藏

径6厘米，重7.4克

共2只。扁圆，线形，光素无纹饰。

2. 铜器柄

新昌博物馆藏

长19.5厘米，座长3、宽2.5厘米

此物为某铜器上的部件。梯形座，中置扁形由大渐小的铜条一根。整器断成两截，锈蚀较重。

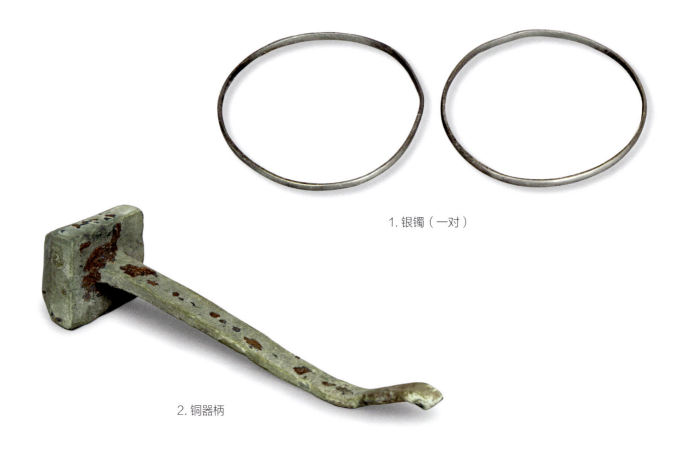

1. 银镯（一对）

2. 铜器柄

052 诸暨市
南朝宋永初纪年（420～422 年）墓

2004 年 8 月至 9 月在诸暨牌头镇水下张村养马山西坡清理。券顶砖室墓，甬道居中，墓葬平面呈"凸"字形，方向250°。墓葬通长4.9米，甬道长0.94、宽0.8米，墓室长3.9、宽1.5~1.55米，残高0.9米。甬道保存较差，两壁较低。甬道两壁用三顺一丁法砌筑，保存高度0.8~0.9米。墓室保存状况较好，虽券顶全塌，但墓壁均保存至起券高度。侧墙砌筑方法为三顺一丁，保存最高处为0.9米，其上开始起券。墓室后部设有砖砌棺床，棺床长3米，为二纵二横错缝平铺，高出墓底0.05米。在棺床两侧紧靠侧墙的地面有间隔性的四处位置均空缺一整砖，形成四条长方形的短槽，槽长0.36、宽0.11米。墓底砖为单层"人"字形平铺。墓砖长35、宽17、厚5厘米，平面饰绳纹，侧面中心饰钱纹、两端为横条纹，端面大部分模印"永初年宣"四字，据此推断该墓为南朝宋永初年间建造。

出土随葬青瓷器9件，包括盘口壶3件、钵1件、碗4件、香熏1件。另有金环1件，扁环形，极细小。

1. 青瓷盘口壶
诸暨市博物馆藏

口径 17.4、底径 12.8、高 34.2 厘米

盘口大而浅，喇叭形长颈，丰肩，深弧腹，平底。肩部对称贴附半环形复系一对。灰胎。青釉，呈青黄色。施釉不及底，底部露胎无釉。

2. 青瓷盘口壶
诸暨市博物馆藏

口径 12.4、底径 10.0、高 24.3 厘米

盘口，喇叭形长颈，深弧腹斜收，最大径在上腹部，平底略内凹。口沿施四处褐色点彩。肩部饰三道弦纹，设对称复系。青釉发黄。通体施釉。

3. 青瓷盘口壶
诸暨市博物馆藏

口径 12.4、底径 9.6、高 28.6 厘米

盘口较小，喇叭形长颈，最大径在肩部，深弧腹斜收，平底，整体器形显瘦高。肩部设对称双复系。青釉泛黄，脱釉较严重。施釉近底。

4. 青瓷钵
诸暨市博物馆藏

口径 25、底径 15.4、高 10.3 厘米

敞口，平沿，浅弧腹，平底略内凹。青釉发黄，釉层较薄，脱釉较严重。外施釉不及底。

5. 青瓷碗
诸暨市博物馆藏

口径 14.6、足径 6.2、高 6.2 厘米

直口，腹部弧收，圆饼形足。口沿上施一圈细密的褐色点彩。外口沿下有一道凹弦纹。灰黄色胎。通体施釉，外施釉不及底，脱釉严重。

6. 青瓷碗
诸暨市博物馆藏

口径 15、足径 8.6、高 5.6 厘米

直口，腹部弧收，圆饼形足。口沿上施一圈细密的褐色点彩。外口沿下有一道凹弦纹。灰黄色胎。青釉发黄。通体施釉，外施釉不及底，腹部有局部脱釉。

7. 青瓷碗
诸暨市博物馆藏

口径 8.5、底径 4.7、高 3.4 厘米

直口，浅腹弧收，平底略内凹。外口沿下有一道凹弦纹。青釉匀净，釉色青翠。外壁施釉不及底。

8. 青瓷莲瓣纹碗
诸暨市博物馆藏

口径 9.1、足径 4.4、高 4.4 厘米

直口微敞，腹弧收，圆饼形足。外口沿下有一道宽凹弦纹，外壁有莲瓣纹装饰。青釉匀净。通体施满釉，外底部露胎无釉。

1. 青瓷盘口壶

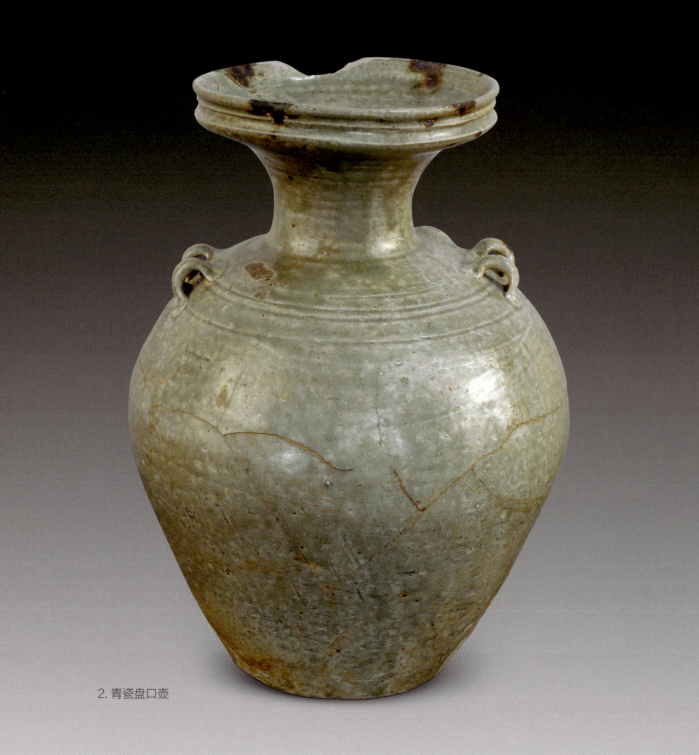

2. 青瓷盘口壶

3.青瓷盘口壶

4. 青瓷钵

5. 青瓷碗　　　　　　　　　　　　　　　　　　　　　6. 青瓷碗

7. 青瓷碗

8. 青瓷莲瓣纹碗

9. 青瓷香熏

诸暨市博物馆藏

口径 3.2、底径 12.2、高 15.5 厘米

由炉身和承盘粘接组成。炉身小口，短颈，球腹。肩腹部饰弦纹三组，镂两圈透孔，上部为四个小的圆形镂孔，下部为四个大的如意状镂孔。承盘直口平沿，斜直腹，平底。炉身口沿、镂孔和承盘口沿饰褐斑点彩。通体施青釉，泛黄色，部分釉层已脱落。炉体倾斜，略有变形。

10. 金环

诸暨市博物馆藏

壁宽约 0.15、厚约 0.02 厘米，周长 2.2 厘米

扁薄形。

10. 金环

9. 青瓷香熏

053 嵊州市
南朝宋元嘉二十四年（447 年）墓

2002 年 4 月在嵊州市甘霖镇西山楼村砖窑厂清理。
"凸"字形砖室墓。墓壁以四顺一丁组合方式砌成。
其他信息不明。墓砖尺寸为长 37、宽 18、厚 6.5 厘米，
长 35、宽 15.5、厚 5.5 厘米。平面无纹饰；侧面饰
"宋元嘉廿四年"铭文；端面饰双钱间以一"吉"
字，或一钱纹一"吉"字，或"刘进冢"三字。
出土青瓷碗、盘等共 3 件器物。

1. 青瓷盘
嵊州市文物管理处藏
口径 13.7、足径 6.4、高 2.3 厘米
敞口，浅坦腹，饼足微内凹。外腹划凹弦纹
多圈。内腹刻划仰莲瓣纹一圈，内心饰
弦纹一圈。灰胎。青釉微泛黄，有积釉、
剥釉现象。内外满釉。外底部有圆形

泥点垫烧痕。

2. 青瓷碗
嵊州市文物管理处藏
口径 8、底径 4.5、高 4.5 厘米
直口微敞，浅弧腹，平底。灰红胎。青釉泛黄，釉
层斑驳，有剥釉、流釉现象。施釉不及底，外施釉
至下腹，外底部露胎无釉。

3. 青瓷碗
嵊州市文物管理处藏
口径 6.6、底径 3.8、高 3.5 厘米
敛口，浅弧腹，平底。灰胎。青釉，有剥釉现象。
外腹划弦纹多圈。施釉不及底，外施釉至下腹，外
底部露胎无釉。

1. 青瓷盘

2、3.青瓷碗

054

嵊州市
南朝宋元嘉二十五年（448年）墓

2002年4月在嵊州市甘霖镇西山楼村砖窑厂清理。
"凸"字形砖室墓。墓壁以四顺一丁组合方式砌成。
其他信息不明。墓砖尺寸为长37、宽18、厚6.5厘米，
长35、宽15.5、厚5.5厘米。平面无纹饰，侧面有
"宋元嘉廿五年"铭文。

出土青瓷钵、虎子、槅、魁、耳杯、碗、盘及滑石
猪、五铢钱等共17件器物。

1. 青瓷钵

嵊州市文物管理处藏

口径27、底径12.5、高12厘米

敞口近直，浅弧腹，平底。外口沿下划凹弦纹三圈，
下腹划凹弦纹多圈。内心饰弦纹一圈。灰胎。青釉，
有积釉现象。施釉不及底，外施釉至下腹，外底部
露胎无釉。口沿处有多处泥点垫烧痕，外底部有五
处圆形泥点垫烧痕。

2. 青瓷虎子

嵊州市文物管理处藏

最大腹径16、底径11.6、高25厘米

器身近茧形，口部作虎头状，大圆口，管状流上翘，
背上置一提梁，筒形深腹，平底。口部、肩部划凹
弦纹双圈。灰胎。青黄釉，剥釉现象严重。外底部
露胎无釉。

3. 青瓷槅

嵊州市文物管理处藏

口径15.5、底径16.6、高3.2厘米

失盖，仅余器身。子口，直口，直腹，平底。分为
内外两圈，内圈平分为三格，外圈平分为六格。灰胎。
青釉，有开片，剥釉现象严重。外底部露胎无釉。

4. 青瓷魁

嵊州市文物管理处藏

口径12.2、底径6.8、高9.5厘米

敞口近直，浅弧腹，平底。口部贴塑一飞兽形短鋬。
外口沿划凹弦纹多圈，腹部划弦纹多道。灰胎。青
釉微泛黄，有开片、积釉现象。施釉不及底，外施
釉至足端，外底部露胎无釉。外底部有五处圆形泥
点垫烧痕。

1. 青瓷钵

2. 青瓷虎子

3. 青瓷榼

4. 青瓷魁

5. 青瓷耳杯

嵊州市文物管理处藏

耳杯长 9.5、宽 7.5 厘米，承盘口径 14、底径 12.2 厘米

由耳杯和承盘两部分组成。耳杯整体呈椭圆形，器身敞口，浅腹，平底。外口沿下贴塑双耳，微上翘。承盘敞口，斜直腹，平底。灰胎。青釉微泛黄，有积釉、开片现象。外底部露胎无釉。

6. 青瓷碗（一组）

嵊州市文物管理处藏

口径 13.2 ～ 14、足径 7.4 ～ 8、高 6.8 ～ 7.5 厘米

共 4 件。敞口近直，浅弧腹，饼足。灰胎。青釉泛黄或青黄釉。施满釉，外底足端有一圈圆形泥点垫烧痕。

7. 青瓷盘（一组）

嵊州市文物管理处藏

口径 13.2 ～ 13.3、底径 12 ～ 12.3、高 2.1 厘米

共 2 件。敞口，斜直腹，平底。外腹素面或划凹弦纹一圈。灰胎。青釉，釉层斑驳，剥釉现象较严重。外底部露胎无釉。

8. 青瓷碗

嵊州市文物管理处藏

口径 10.5、足径 6、高 5.5 厘米

直口微敛，直腹微曲较深，饼足。灰胎。青黄釉，剥釉现象严重。

9. 青瓷碗

嵊州市文物管理处藏

口径 10.5、足径 6、高 5.5 厘米

残。直口微敛，直腹微曲较深，饼足。灰胎。青釉，剥釉现象较严重。

10. 滑石猪

嵊州市文物管理处藏

长 5.8、宽 0.7 厘米

共 3 件。猪首。整体呈长方体，一端略削尖，顶面以简洁四刀刻划出耳和腿部轮廓。

11. 五铢钱

嵊州市文物管理处藏

直径 2.6 厘米

圆形方孔。钱文"五铢"。

5. 青瓷耳杯

6. 青瓷碗（一组）

7.青瓷盘（一组）

8.青瓷碗

9.青瓷碗

10.滑石猪

11.五铢钱

055 嵊州市 南朝宋元嘉二十八年（451 年）墓

2002 年 4 月在嵊州市甘霖镇西山楼村砖窑厂清理。
"凸"字形砖室墓。墓壁以四顺一丁组合方式砌成。
其他信息不明。墓砖尺寸为长 37、宽 18、厚 6.5 厘米，
长 35、宽 15.5、厚 5.5 厘米。平面无纹饰，侧面饰"宋
元嘉廿八年八月十日作刘功曹张夫人墩焉"铭文。
出土青瓷碗、盘等共 3 件器物。

1. 青瓷碗

嵊州市文物管理处藏

口径 12.4、足径 6.2、高 7.2 厘米

直口，浅弧腹，饼足。外口沿下有凹弦纹多道，下
饰覆莲瓣纹、仰莲瓣纹各一圈。灰胎。青釉，有积
釉现象。外施釉至足端，外底部露胎无釉。内心有
五处圆形叠烧痕迹。

2. 青瓷碗

嵊州市文物管理处藏

口径 13.8、足径 7.5、高 7.2 厘米

直口，浅弧腹，饼足。外腹有凹弦纹多道。红胎。脱釉。

3. 青瓷盘

嵊州市文物管理处藏

口径 14.2、足径 5.7、高 3.1 厘米

浅坦腹，饼足内凹。内心饰弦纹一道。外施釉至足
端，外底部露胎无釉。内心有五处泥点痕。

1. 青瓷碗

2. 青瓷碗

3. 青瓷盘

056

新昌县
南朝宋泰豫元年（472年）墓

位于新昌县羽林街道新中村莲花岭脚。1978年秋发现，次年11月由新昌县文物部门清理，编号为新昌23号墓。长方形券顶砖室墓，墓向21°。长4.56、宽1.33米。墓壁砌法为三顺一丁，残高1.12、厚0.16米。分前后两室，墓底均有铺砖。墓底下设砖砌排水沟，残长3.28米。墓砖有长方形砖和刀形砖两种。其中长方形砖长32、宽16、厚5厘米，平面饰绳纹，两端为四出五铢纹和箭羽纹、组线纹。另有"太豫元年作"或"泰豫元年作"铭文砖。

此墓早年遭盗，出土器物中仅有一件青瓷小碗较完整，其余均为青瓷碎片。经修复，有青瓷钵1件、小碗2件、盘口壶1件。另有五铢、四铢钱数枚。

1. 青瓷盘口壶
新昌博物馆藏

口径13.5、腹径18.3、底径10.5、高31.5厘米
壶体稍显瘦长。盘口，长颈，溜肩，深弧腹斜收，平底略内凹。双复系。青釉泛黄，釉层剥落。壶内外施釉，外施釉不及底。

1. 青瓷盘口壶

2. 青瓷钵

新昌博物馆藏

口径 31.1、底径 13.6、高 12.6 厘米

敛口，平唇，腹壁弧收，平底。外口沿下饰两道弦纹。青灰胎，胎质夹细砂。青绿釉。通体施釉，外底部露胎。

3. 青瓷盏

新昌博物馆藏

口径 8.6、足径 5、高 4.5 厘米

直口微敞，弧腹饱满，假圈足。青灰胎，呈火石红。青绿釉。施釉不及底，碗底露胎。

4. 青瓷盏

新昌博物馆藏

口径 8.75、足径 5.1、高 4.5 厘米

直口微敛，弧腹饱满，假圈足。青灰胎，呈火石红。青绿釉。施釉不及底，碗底露胎。

5. 五铢钱

新昌博物馆藏

直径 2.6、穿边长 1 厘米

外圆内方。正面篆文"五铢"两字，穿上下无廓；背面光素，穿上下有廓。

6. 孝建四铢钱

新昌博物馆藏

直径 2.2、穿边长 1.1 厘米

共 2 枚。正面篆书"孝建"，背面篆书"四铢"，穿上下有廓。

2. 青瓷钵

3. 青瓷盏   4. 青瓷盏

5. 五铢钱

6. 孝建四铢钱

057

新昌县
南朝齐永明元年（483 年）墓

位于新昌县羽林街道大联村大峇底。1977 年 11 月在该村象鼻山东麓发现并清理，编号为新昌 19 号墓。墓室呈"凸"字形，前为甬道。全长 5.84、宽 1.61 米。墓壁残高 0.52～0.82、厚 0.36 米。墓壁砌法为三顺一丁，墓底砖错缝横铺三层。甬道口稍偏右处设砖砌排水沟。墓砖有长方形砖、楔形砖和梯形砖三种。长方形砖长 36、宽 18、厚 6 厘米，平面饰绳纹，两端有四出五铢双钱纹，一侧有双鱼对钱纹。斧形砖端面有莲花纹饰。楔形砖侧面有"齐永明元年八月十日黄□□作"模印铭文。

此墓曾遭盗掘，经整理修复有青瓷盘口壶 1 件、钵 2 件、碗 2 件以及滑石猪 2 件。

1. 青瓷盘口壶

新昌博物馆藏

口径 12.5、腹径 17、底径 9.5、高 27 厘米

直口微敞，鼓腹，平底微凹。肩部饰两道弦纹，置双复系。青釉泛黄。除底部外整体施釉。

2. 青瓷钵

新昌博物馆藏

口径 22.6、足径 11、高 11.5 厘米

直口内敛，弧腹，假圈足。外口沿下有弦纹两道。内底有四复线划花莲瓣十一叶。青灰胎，胎质细腻。青绿釉。通体施釉。

1. 青瓷盘口壶

2. 青瓷钵

3. 青瓷钵

新昌博物馆藏

口径 19.6、底径 10、高 8 厘米

直口内敛，弧腹斜收，底内凹。外腹饰四道弦纹。内壁饰四复线划花莲瓣纹十叶。青灰胎。整器釉基本脱落，仅存部分斑点。

4. 青瓷碗

新昌博物馆藏

口径 11.5、足径 5、高 5 厘米

直口微敛，弧腹，假圈足。外口沿下有弦纹一道，内壁饰双复线划花莲瓣纹六叶。青釉闪黄。通体施釉。

5. 青瓷碗

新昌博物馆藏

口径 11.2、底径 5、高 5 厘米

直口微敛，弧腹，假圈足。外口沿下施不规则弦纹。内壁饰三复线划花莲瓣纹十叶。青褐釉。通体施釉。

6. 滑石猪

新昌博物馆藏

长 4、高 1.8 厘米

由长方形青田石雕琢而成。头平伸，背微隆，身伏卧。底和尾部有平切截痕。

7. 滑石猪

新昌博物馆藏

长 4.5、高 1.8 厘米

由长方形青田石雕琢而成。头平伸，背微隆，身伏卧。底和尾部留有切割及打磨的痕迹。尾留线割痕而未成形。

3. 青瓷钵

4. 青瓷碗　　　　　　　　　　　　　　　　5. 青瓷碗

6、7.滑石猪

058 嵊州市
南朝梁天监三年（504年）墓

位于嵊州市甘霖镇上高村。"凸"字形砖室墓，方向265°。由甬道、墓室两部分组成，通长5.5米。封门墙在甬道内。甬道长1.33、宽0.83、残高0.53米。墓室长4.17、宽1.21、残高0.73米，后壁两角向内砌一砖柱，墓墙厚0.38米。墓壁以三顺一丁组合方式砌成。铺地砖三层，上下两层横直错缝平铺，中层直铺七排砖，每排砖间留5厘米宽的排水沟，排水沟从封门墙向外延伸8.7米。墓砖有长方形砖、楔形砖两种。长方形砖分两式，规格一致，为长37、宽17.5、厚6厘米，平面均素面，一端模印方胜，另一端模印阳文"天监三年"或"王博士冢"，砖侧模印青龙白虎或"天监三年八月二日起作"铭文。楔形砖有三式，一种长36、宽13~18.5、厚5.5厘米，上口模印线刻凤凰纹；另一种长37、宽14~18.5、厚5.5厘米，上口模印线刻飞天纹。

墓内棺木、人骨架已朽，出土陶俑、灯、灶、井、青瓷碗、盘、盏，滑石猪等共17件器物。

1. 陶俑
嵊州市文物管理处藏
宽2.6~8、厚2.6~5.4、高29.8厘米
男侍立俑。泥质灰陶。仪态端庄，头戴小冠，面目清秀，身穿交领广袖长袍，右衽，双手交抱于腹部，隐足。背面有修削痕迹。

2. 陶俑
嵊州市文物管理处藏
宽3.1~8.1、厚3.2~4.2、残高18.8厘米
女侍立俑。残。泥质灰陶。仪态端庄，梳扇形髻，面部模糊，身着交领长袍，右衽，双手拢于广袖。背面有修削痕迹。

3. 青瓷碗（一组）
嵊州市文物管理处藏
口径15.5、足径6.2、高8.4厘米
共2件。直口，直腹，饼足。黄胎。青黄釉，满布开片，剥釉现象严重。外底部露胎无釉。

1. 陶俑

2. 陶俑

3. 青瓷碗（一组）

4. 青瓷盘（一组）

嵊州市文物管理处藏

口径 13 ～ 14.1、底径 5.9、高 2.4 ～ 3.3 厘米

共 4 件。敞口，浅弧腹，平底。灰黄胎。青黄釉，有开片，剥釉现象严重。外施釉至下腹，外底部露胎无釉。

5. 青瓷碗（一组）

嵊州市文物管理处藏

口径 8.6 ～ 9.5、足径 3.9 ～ 4.8、高 4.3 ～ 4.9 厘米

共 4 件。敞口近直，浅弧腹，饼足。灰胎或灰黄胎。青釉或青黄釉，有开片、剥釉现象。施釉不及底或满釉。

6. 滑石猪（一对）

嵊州市文物管理处藏

长 4.9、宽 1.4、厚 0.9 厘米

共 2 件。整体略呈长方体。一端略削尖，顶面以简洁四刀刻划出耳和腿部轮廓。

7. 陶灯

嵊州市文物管理处藏

灯盘口径 10 厘米，柱径 3.4 厘米，底盘口径 17.6、底径 15 厘米，通高 13.8 厘米

残。泥质灰褐陶。灯盘直口，方唇，腹壁较直，近底部弧收。灯盘下接空心灯柱，呈圆柱形，中部设一凸棱。灯座呈浅盘形，平底，底中部设圆孔与灯柱相通。

8. 陶灶

嵊州市文物管理处藏

长 14.3、宽 10.8、高 9.4 厘米，灶眼径 5.5 厘米，烟孔径 1.3 厘米，灶门长 3.8、宽 3 厘米

残。泥质灰陶。船形灶，齐头翘尾，无底。灶面中部设一个圆形灶眼，其上残存陶釜腹部残片，尾部设一个圆形烟孔。灶门为竖长方形，灶门上方设挡火墙，残。

9. 陶井

嵊州市文物管理处藏

口径 9.2、底径 10.3、高 8.4 厘米，孔径 0.9 厘米

残。泥质灰褐陶。直口，唇面内斜凹，矮直领，溜肩，直筒腹，平底。领部一周穿四个圆孔。深灰褐色胎，质地较粗疏。

4. 青瓷盘（一组）

5. 青瓷碗（一组）

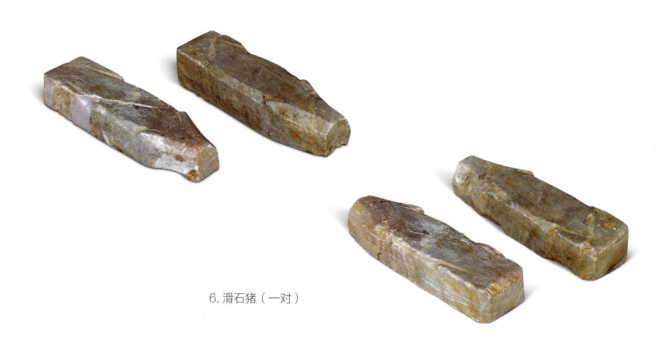

6. 滑石猪（一对）

7. 陶灯

8. 陶灶

9. 陶井

1.青瓷盘口壶

上虞博物馆藏

口径 14.4、足径 14.2、高 33.2 厘米

盘口较浅，短颈，扁鼓腹，假圈足，平底。

059

上虞区
南朝梁天监十年（511 年）墓

位于上虞驿亭镇周家山。砖室墓，墓葬结构不明。墓砖侧面有"天监十年王尚之墓"和"大迟""中迟""小迟""大史""中史""不史""中岐"等文字。

残存青瓷盘口壶1件、碗2件，滑石猪1件。

1.青瓷盘口壶

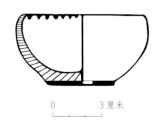

2.青瓷碗

2.青瓷碗

上虞博物馆藏

口径 7.6、足径 4.2、高 4.4 厘米

弧腹口，深弧腹，假圈足，平底。口沿上点有密集的褐彩。

3.青瓷碗

上虞博物馆藏

口径 10、足径 4.8、高 5.5 厘米

近敞口，深弧腹，假圈足，平底。口沿上点有密集褐彩，内底中心用褐彩画一个圆圈，内壁刻划五莲瓣纹，各瓣间点有较大的褐彩。

3.青瓷碗

060

嵊州市
南朝梁大同八年（542年）墓

1987 年 1 月 9 日在嵊县中学西边清理。"凸"字形砖室墓。长 7.1、宽 2 米。墓室分为前后两室，墓中与四角砌有砖柱。墓砖两端有"大同八年作俞昌乐明堂"铭文，一侧饰龙纹。

出土青瓷碗 5 件，滑石猪 1 件。

1. 青瓷碗（一组）

嵊州市文物管理处藏

口径 6.4 ~ 6.8、足径 3.1 ~ 3.4、高 3.7 ~ 4.1 厘米共 5 件。直口或直口微敛，浅弧腹，平底，饼形足。灰胎或灰红胎。青釉或青黄釉，有积釉、流釉或剥釉现象。施釉不及底，外施釉至下腹，外底部露胎无釉。

2. 滑石猪

嵊州市文物管理处藏

长 4.5、宽 1.2、高 1.1 厘米

整体略呈长方体。一端略削尖，顶面以简洁四刀刻划出耳和腿部轮廓。

1. 青瓷碗（一组）

2. 滑石猪

061

嵊州市
南朝陈太建八年（576年）墓

位于嵊州市浦口镇街道。砖室墓。墓砖长34.5、宽16.5、高6厘米。墓砖平面为素面；侧面饰鱼纹、四出钱纹，或四出钱纹、直线纹，或"王大郎四郎五郎"铭文，或"王夫冢"铭文；端面饰"太建八年"铭文并宝相花、四出钱纹或鱼纹。

出土青瓷碗1件、罐1件。

1. 青瓷碗

嵊州市文物管理处藏

口径10.6、底径6.7、高4.4厘米

直口微敞，浅弧腹，平底微内凹。外腹划弦纹多圈。生烧。灰黄胎。青黄釉，剥釉现象严重。外底部露胎无釉。

2. 青瓷罐

嵊州市文物管理处藏

口径19、底径13、高25厘米

敞口，短颈，丰肩，深弧腹，平底微内凹。肩部划凹弦纹多圈，置四泥条横系、四铺首衔环，两两对称。灰胎。青釉微泛黄。施釉不及底，外施釉至下腹，外底部露胎无釉。

1. 青瓷碗

2. 青瓷罐

062

新昌县
隋仁寿四年（604年）墓

位于新昌县澄潭镇元家山村。1979年村民在整地砌坎建桑园时掘到青瓷盘口壶 1 件，后经实地察看，此器出土于古墓中，墓葬已遭盗掘。除收缴到青瓷盘口壶外，在现场采集到墓砖三块，长 33、宽 17、厚 6 厘米，两侧饰龙纹，一端铭文为"仁寿四年作"，另一端铭文分别为"丁国公冡""丁世子冡""丁二明堂"等。

青瓷盘口壶
新昌博物馆藏
口径 11.5、腹径 21、底径 11.6、高 28.8 厘米
盘口，圆鼓腹，小平底。双复系。青灰胎，胎质细腻。青釉，釉层厚。施釉不及底。

至下腹，外底部露胎无釉。

2. 青瓷盘口壶

嵊州市文物管理处藏

口径 16、底径 12、高 36.5 厘米

直口，盘口，喇叭形长颈，溜肩，深弧腹较瘦，平底。外口沿饰凹弦纹一圈；肩部划凹弦纹双圈，对称置双竖系；下腹划凹弦纹多圈。灰胎。青釉微泛黄，布满开片，有积釉现象。施釉不及底，外施釉至下腹，外底部露胎无釉。

3. 青瓷盘口壶

嵊州市文物管理处藏

口径 13.6、底径 11、高 26 厘米

直口，盘口，束颈，溜肩，深弧腹，平底。外口沿饰凹弦纹一圈；肩部划凹弦纹双圈，对称置竖系。灰胎。青釉微泛黄，布满开片，有剥釉现象。施釉不及底，外施釉至足端，外底部露胎无釉。

063

嵊州市
隋大业二年（606 年）墓

1982 年 1 月于嵊县（今嵊州市）雅致村岭角岭清理。出土青瓷盘口壶 4 件、碗 5 件。

1. 青瓷盘口壶

嵊州市文物管理处藏

口径 15、底径 11、高 34 厘米

直口，盘口，喇叭形长颈，溜肩，深弧腹较瘦，平底。外口沿饰凹弦纹一圈；肩部划凹弦纹双圈，对称置双竖系；下腹划凹弦纹多圈。灰胎。青釉微泛黄，布满开片，有积釉现象。施釉不及底，外施釉

1. 青瓷盘口壶

2. 青瓷盘口壶

3. 青瓷盘口壶

4. 青瓷盘口壶

嵊州市文物管理处藏

口径 14、底径 10、高 36 厘米

敞口，盘口，束颈，溜肩，深弧腹较瘦，平底。肩部对称置双竖系，下腹划凹弦纹多圈。灰黄胎。青黄釉，剥釉现象较严重。施釉不及底，外腹施釉至下腹部，外底部露胎无釉。

5. 青瓷碗（一组）

嵊州市文物管理处藏

口径 8 ～ 9.8、足径 3 ～ 4.5、高 4.1 ～ 6 厘米

共 5 件。敞口近直，浅弧腹，饼足内凹。外腹偶见凹弦纹。灰黄胎。青黄釉，布满开片，有剥釉、积釉或流釉现象。施釉不及底，外施釉至下腹，外底部露胎无釉。

4. 青瓷盘口壶

5. 青瓷碗（一组）

064

诸暨市
唐贞观十四年（640年）吴知信墓

2005年4月至7月，在诸暨陈宅镇官山脚清理。船形穹隆顶砖室墓，方向245°。由封门、甬道、墓室三部分组成。墓曾被盗，券顶已坍塌。封门位于甬道口，部分露于甬道外，砌法为三顺一丁，残高0.64米。甬道长0.84、宽0.64、残高0.64米。墓室长2.86、宽1.3～1.95、残高1.5米。墓壁厚0.15米，墓壁砌法亦为三顺一丁，于1.06米高处起券。北壁残留两壁龛，相距0.64米，距墓底0.92米，壁龛面宽15、高14、深12厘米。后壁残高1.7米，正中部壁砖凸出，构成四层宝塔状。墓底砖为席纹式平铺，延伸至墓壁下。墓砖长30、宽14、厚4.5厘米，侧面饰菱格五铢钱纹，端面饰半莲蓬纹。另有部分墓砖模印铭文，分别为"大堂贞观十四年"和"吴知信墓"。

出土随葬器物7件，散布于墓室前半部，其中青瓷盘口壶1件、四系盘口小壶1件、四系罐1件、碗2件、盏1件，酱釉瓷双系盘口小壶1件。

1. 青瓷双复系盘口壶
诸暨市博物馆藏
口径14.8、底径9.7、高37.8厘米
浅盘口外敞，喇叭形长颈，溜肩，深弧腹，平底微凹。肩部饰对称双条形系。灰胎。青釉，多开片。施半釉。盘口有四处泥点垫烧痕。

2. 青瓷四系罐
诸暨市博物馆藏
口径10.8、底径7.6、高23厘米
侈口，尖圆唇，短颈，弧肩，深弧腹，平底微内凹。肩部有折棱，对称四泥条形系，灰胎，胎质粗糙。青釉，有开片和剥落现象。施半釉。

3. 青瓷四系盘口小壶
诸暨市博物馆藏
口径6、底径5、高14厘米
小盘口，短颈，弧肩，鼓腹，平底微凹。肩部饰四个对称的条形横系。灰胎。青釉，多开片，易剥落。施半釉。外底有五处泥点垫烧痕。

1. 青瓷双复系盘口壶

2. 青瓷四系罐

3. 青瓷四系盘口小壶

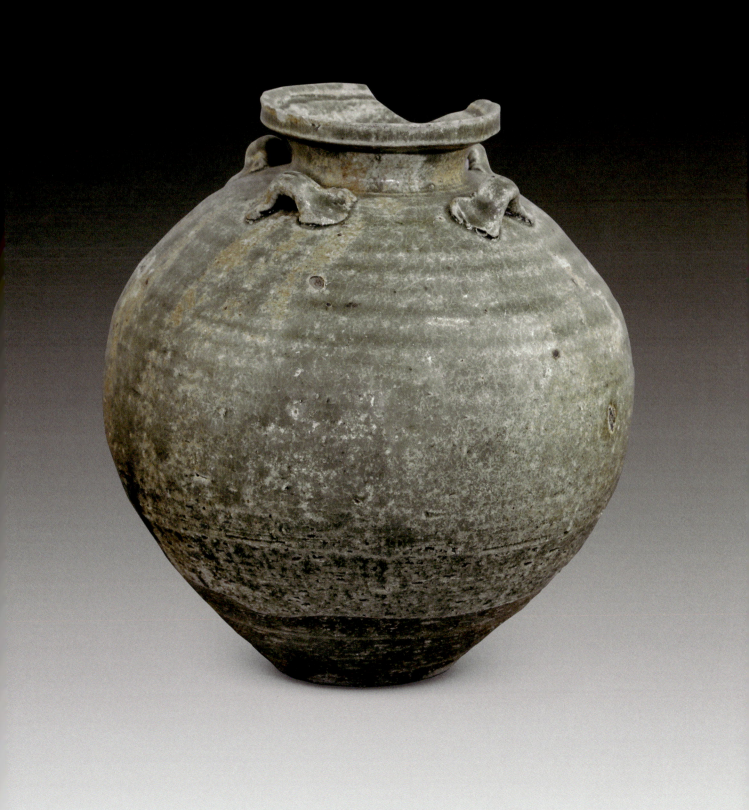

4. 酱釉瓷双系盘口小壶

诸暨市博物馆藏

口径6、底径7、高13.5厘米

小盘口，短颈，弧肩，鼓腹，平底微凹。肩部饰两个对称的条形横系。灰胎。酱釉，多开片，易剥落。施半釉。外底有四处泥点垫烧痕。

5. 青瓷碗

诸暨市博物馆藏

口径14.5、足径7、高6.2厘米

敞口，圆唇，弧折腹，下腹斜收，假圈足内凹，足尖斜削。灰胎。青釉，开片。口沿至上腹部有釉。内外底均有泥点垫烧痕，内底有五处，外底有三处。

6. 青瓷碗

诸暨市博物馆藏

口径12.7、足径4.2、高6.5厘米

敞口，浅弧腹，饼足略内凹。灰胎。青釉，开片。口沿至上腹部有釉。内外底均有泥点垫烧痕。

7. 青瓷盏

诸暨市博物馆藏

口径11.5、底径5、高3.7厘米

敞口，圆唇，浅弧腹，小平底。灰胎。青釉，开片。口沿至上腹部有釉。内外底均有泥点垫烧痕。

4. 酱釉瓷双系盘口小壶

5. 青瓷碗

6. 青瓷碗

7. 青瓷盏

065 诸暨市
唐永徽三年（652 年）吴灵祐墓

2005 年 4 月至 7 月在诸暨陈宅镇官山脚清理。"凸"字形券顶砖室墓，方向 242°。由封门、甬道及墓室组成。该墓曾经被盗掘，顶部结构已残。封门残，残高 0.05 米。甬道长 0.97、宽 0.82、残高 0~0.1 米。墓室长 3.2、宽 1.64、残高 0.1~0.75 米。墓壁厚 0.3米，为三顺一丁结构，拐角咬合。墓室四个拐角及后壁中间各有一立柱，凸出后壁 16 厘米，宽 30 厘米，起到加固墙体的作用。铺地砖呈"人"字形平铺，延伸至墓壁下。墓砖长 31、宽 14.5、厚 5 厘米，端面饰有半莲蓬纹、两顺三丁条纹、网格钱币纹；侧面饰有叶脉钱币纹，部分模印纪年铭"永徽三年吴灵祐墓记"。

出土随葬器物 7 件，多数有残缺。其中 1 件青瓷盘口壶和 4 件青瓷碗置于墓室前端正中，排列较规整；另 2 件青瓷碗散置于墓室后端。

1. 青瓷双复系盘口壶
诸暨市博物馆藏
底径 9.5、高 34.5 厘米
浅盘口外敞，喇叭形长颈，溜肩，深弧腹，平底微凹。肩部饰对称双条形系。灰胎。青釉，多开片。施半釉。

2. 青瓷盏
诸暨市博物馆藏
口径 10、足径 4.2、高 6.5 厘米
直口微敛，弧腹，饼足内凹。青釉较深，多开片。外壁施釉不及底，露灰色胎。外底有三处泥点垫烧痕。

3. 青瓷盏
诸暨市博物馆藏
口径 9.5、足径 4.7、高 5.8 厘米
直口微敛，弧腹，假圈足内凹。青釉泛黄，多开片。内壁满釉，外壁施釉不及底，露灰色胎。外底有线割痕。

4. 青瓷盏
诸暨市博物馆藏
口径 8.4、足径 4.8、高 6 厘米
直口微敛，弧腹，饼足内凹。外口沿下施凹弦纹一道。青釉较深，多开片。内壁满釉，外壁施釉不及底，露灰色胎。外底有线割痕。

5. 青瓷碗
诸暨市博物馆藏
口径 13.2、底径 5.5、高 4 厘米
敞口，圆唇，斜直腹，平底。仅口沿部分内外施青釉，其余露灰红色胎。内外底各有四处均匀分布的泥点垫烧痕。

6. 青瓷盏
诸暨市博物馆藏
口径 8.8、足径 3、高 5 厘米
直口微敛，弧腹，饼足内凹。青釉泛黄，多开片。内底剥釉严重，外壁施釉不及底，露灰色胎。

7. 青瓷盏
诸暨市博物馆藏
口径 7.5、足径 3、高 3.2 厘米
直口微敛，弧腹，饼足内凹。青釉泛黄，多开片。内壁满釉，外壁釉层剥落殆尽，仅存灰白色施釉痕迹。施釉线以下露砖红色胎。

1. 青瓷双复系盘口壶

2~4. 青瓷盏

5. 青瓷碗

6. 青瓷盏

7. 青瓷盏

诸暨市
066 唐永徽三年（652年）吴洲伦墓

2005年4月至7月在诸暨陈宅镇官山脚清理。"凸"字形券顶砖室墓，方向240°。由封门、甬道及墓室组成。该墓可能曾被盗掘，顶部结构已残。封门位于甬道口，部分露于甬道外，砌法为三顺一丁，残高0.44米，仅余两层。甬道长1.02、宽0.8～0.82、残高0.7米。墓室长3.24、宽1.5、残高0.98～1.2米。后壁残高1米，存四顺一丁结构，正中部壁砖凸出构成楼阁状。铺地砖为"人"字形平铺，延伸至墓壁下。墓砖长30、宽14、厚3.5～4.5厘米，纵侧面纹饰为两边菱格夹以钱纹；横侧面中心为半莲蓬纹，两侧有象形的叶脉纹作衬，多数情况下两砖相并后可以拼合成一组完整的莲蓬纹图像。部分墓砖模印铭文"永徽三年校尉吴洲伦之知之"字样。

在甬道内出土青瓷盘口壶1件，在墓室前端出土青瓷盘口壶1件、罐1件、碗3件以及铜铃铛1件。

1. 青瓷双复系盘口壶
诸暨市博物馆藏
口径13.1、底径9.2、高31厘米
浅盘口，喇叭形长颈，溜肩，深弧腹，平底微凹。肩部对称贴饰双条形系。灰胎。青釉，开片，局部略有流釉现象。施半釉。器底有线割螺旋纹。

2. 青瓷四系罐
诸暨市博物馆藏
口径11.3、底径7.5、高25厘米
侈口，尖圆唇，短颈，溜肩，肩部有折棱，深弧腹斜收，平底微内凹。肩部有对称四条形系。灰胎，胎质粗糙。

施半釉，釉层剥落殆尽，原施釉部分露胎呈灰白色，未施釉部分露灰色胎。

3. 青瓷鸡首壶
诸暨市博物馆藏
口径5.5、足径6.3、高20.6厘米
盘口，细喇叭形长颈，圆肩，圆腹，饼足内凹。肩部对称贴饰一对条形横系，对称贴长柄和极简化鸡首。灰胎，胎质紧密。青釉，开片。施半釉。外底有六处泥点垫烧痕。

4. 青瓷碗
诸暨市博物馆藏
口径14.9、底径6.4、高5厘米
敞口，圆唇，弧腹，平底微凹。灰红色胎。仅口沿处内外施一圈青釉，局部呈酱褐色，釉层多开片，部分剥落，有积釉现象。内外底各有五处泥点垫烧痕。

5. 酱釉瓷碗
诸暨市博物馆藏
口径14.3、底径6.1、高5.2厘米
直口微敞，圆唇，浅弧腹，小平底。灰胎。口沿处内外施一圈酱色釉，有开片，局部积釉。内外底各有三处泥点垫烧痕。

6. 青瓷碗
诸暨市博物馆藏
口径12.5、底径5.3、高3.6厘米
敞口，圆唇，斜弧腹，平底微凸呈饼形。灰胎。口沿处内外施一圈青釉，有开片，局部积釉。内外底各有四处泥点垫烧痕。

7. 铜铃铛
诸暨市博物馆藏
口长6.3、宽5.2厘米，高10厘米
半环形纽，穿孔略呈圆角方形。铃身平面作铲形，素面。内有一铁舌。

1. 青瓷双复系盘口壶

2. 青瓷四系罐

3. 青瓷鸡首壶

4.青瓷碗

5.酱釉瓷碗

6. 青瓷碗

7. 铜铃铛

067

嵊州市
唐垂拱三年（687 年）墓

2005 年嵊州市甘霖镇上杜山村小黄山遗址发掘。共出土青瓷器 4 件，铁剪刀 1 把。

1. 青瓷鸡首壶
嵊州市文物管理处藏

口径 7、足径 6、高 21.3 厘米

敞口近直，喇叭形长颈，丰肩，扁圆腹，饼足。肩部置鸡首、双泥条曲柄和两泥条横系，两两对称，曲柄连接口沿及上腹部。灰胎。青釉泛黄。外底部露胎无釉。外底部有五处圆形泥点垫烧痕。

2. 青瓷罐
嵊州市文物管理处藏

口径 15、底径 8.5、高 19 厘米

直口，短直颈，溜肩，深弧腹，平底。肩部划凹弦纹一圈，置四泥条横系，两两对称；下腹划凹弦纹三圈。灰黄胎。青釉泛黄，有开片、剥釉及积釉现象。

3. 青瓷水盂
嵊州市文物管理处藏

口径 4.8、底径 3.5、高 4.7 厘米

敛口，扁圆腹，平底。外口沿下划凹弦纹三圈，上下腹相交处划凹弦纹一圈。灰黄胎。青釉泛黄，剥釉现象较严重。施釉不及底，外施釉至下腹，外底部露胎无釉。

4. 青瓷碗
嵊州市文物管理处藏

口径 17.5、底径 6.8、高 8 厘米

直口，上腹较直，下腹急收成小平底。外腹施釉不及底，青黄色釉剥落严重。

5. 铁剪刀
嵊州市文物管理处藏

残长 27、宽 7 厘米

残。锈蚀严重。

1. 青瓷鸡首壶

2. 青瓷罐

3. 青瓷水盂

4. 青瓷碗

5. 铁剪刀

青瓷盘口壶

浙江省博物馆藏

口径 21.3、底径 11、高 38 厘米

大盘口，喇叭形粗长颈，圆肩，鼓腹弧收，小平底。颈近肩部有四个扁泥条形耳，其上再贴塑蟠龙一条。青黄色釉。外腹施釉不及底。腹部一侧刻二直行铭文"元和拾肆年四月一日造此罂价值一千文"。

068

嵊州市
唐元和十四年（819 年）墓

嵊州市出土，墓葬结构不清。出土器物见于《浙江纪年瓷》（浙江省博物馆编，文物出版社，2000 年）。

069

嵊州市
唐大和八年（834年）墓

1972年嵊县（今嵊州市）甘霖镇蛟镇茶场发现，墓葬形制不明。

青瓷罌

嵊州市文物管理处藏

口径22.8、底径10.6、高39.2厘米

直口微敞，盘口，喇叭形长颈，丰肩，深弧腹，平底。颈部贴塑一龙，肩部置四双竖系，两两对称。灰黄胎。青黄釉，剥釉现象较严重。施釉不及底，外施釉至下腹，外底部露胎无釉。

070 **上虞区**
唐乾符六年（879 年）墓

1982 年 4 月在上虞丰惠镇庙后山清理。长方形券顶砖室墓，方向 160°。长 2.9、宽 0.98、高 1.28 米。墓壁以三组三顺一丁再五顺式砌筑，墓底砖以"人"字形铺设，封门砖以双层错缝叠砌。墓室右壁、左壁、后壁各设置壁龛 3 个、2 个、1 个。墓砖有长方形砖、楔形砖、刀形砖三种，长方形砖长 30、宽 14.5、厚 3.5 厘米。

出土青瓷蟠龙罂、玉璧底碗和砖墓志等 3 件器物。蟠龙罂、玉璧底碗置于封门处，墓志置于近封门处的耳室内。墓志为泥质砖形，用真书阴刻"乾符六年十一月四日谢甘终于越州上虞县钓台乡之厶茅享年四十有三"。

1. 玉璧底碗
上虞博物馆藏
口径 15、底径 6、高 4.6 厘米
敞口、斜直腹，饼形底。外底部中心用细线刻划圆圈一个，使整个外底近似于玉璧形。内底有多个叠烧的泥点痕。青黄釉。外腹施釉不及底。

1. 玉璧底碗

2. 青瓷蟠龙罂

上虞博物馆藏

口径 20.7、高 41 厘米

盘口，束颈较长，茧形深腹，平底。颈肩部对称贴塑四双股鋬，在鋬上粘附一龙，龙腾空而起，脚踩云朵，张牙咧嘴，头生四角，四足三爪，龙身戳印鳞片，龙尾卷曲贴于罂肩部。灰白胎。青黄釉。施半釉，外施釉至下部，外底部露胎无釉。

2. 青瓷蟠龙罂

071

绍兴市
北宋咸平六年（1003 年）
青瓷粮罂瓶

绍兴县文物管理委员会征集。

青瓷粮罂瓶

绍兴市博物馆藏

口径 11.9、足径 8.8、高 26.3 厘米

盘口，喇叭形长颈，深弧腹，矮圈足。口沿下至肩部有四条扁泥条形耳，两两对称。腹部刻划铭文"上虞窑匠人项霸造粮罂瓶一个献上新化亡灵王七斤咸平六（元）年七月廿日记"。

072

新昌县
北宋元祐八年（1093年）墓

位于新昌县大市聚镇坑西村开口岩南坡。1971年村民取土时发现，次年初清理，编号为新昌1号墓。方形双穴券顶砖室墓，墓向155°，长宽均为4.25米。一室双穴，每穴长3.86、宽1.66、高1.68米。墓壁顺砖错缝平砌，第九层砖上有凸出的腰檐，至1.17米高处有一层竖砖斜砌成菱角牙子，其上再砌一层平砖后起券，墓壁上皆敷石灰。墓门为双层砖券顶。墓壁正中设一壶门式壁龛。墓砖规格为长29、宽15、厚6厘米。部分砖的两端有"元祐八年""石

公墓砖"铭文。

该墓曾遭盗掘，仅出土铁制镇墓兽四件（每室两只），置于墓室前墓门内两侧。据铭文推测墓主人是在1093年下葬的石氏族人。

1. 镇墓兽

新昌博物馆藏

长16、腹宽5、高8厘米

铁质牛形器。四足立形，牛头平伸嘴微翘，角耳残缺，粗颈平腹，无尾。整体锈蚀严重，呈褐黄色。

2. 镇墓兽

新昌博物馆藏

长16、腹宽5、高8厘米

铁质牛形器。四足立形，牛头平伸嘴微翘，角耳残缺，粗颈平腹，无尾。整体锈蚀严重，呈褐黄色。

1. 镇墓兽

2. 镇墓兽

3. 镇墓兽

新昌博物馆藏

长 17、腹宽 4.9、高 8 厘米

铁质牛形器。站立状，四足微撇前移，头部两角向上，双耳平伸略向后，嘴向下，平腹短尾。整体锈蚀严重，呈褐黄色。

4. 镇墓兽

新昌博物馆藏

长 17、腹宽 5.3、高 8 厘米

铁质牛形器。站立状，四足微撇前移，头部两角向上，双耳平伸略向后，嘴向下，平腹短尾。整体锈蚀严重，呈褐黄色。

3. 镇墓兽

4. 镇墓兽

073 上虞区
北宋绍圣五年（1098 年）青瓷砚

上虞区上浦镇甲仗村窑寺前窑址采集。

青瓷砚
上虞博物馆藏
长 10、高 2.8 厘米
平面呈畚箕形，三面出沿，底自口端向尾端下斜。
砚左右两侧分别刻"绍圣五年二月十一日 ""置
此砚子永不失者"，尾端刻"其年米佰价宜"铭。
外腹与底施青黄色釉。

074

新昌县
北宋宣和二年（1120 年）墓

位于新昌县羽林街道千官岭村石柱湾北坡。1973 年发现并清理，编号为新昌 6 号墓。长方形双穴砖室墓，长 3.82、宽 4.22、高 2.16 米。双穴大小相同，每穴长 3.54、宽 1.56、高 1.84 米。墓壁顺砖错缝平砌，从底起第 23 层砖处有竖砖斜砌成菱角牙子，再平铺一层砖后起券。墓后壁正中设壶门式壁龛，宽 16、高 22、深 13 厘米。墓底用砖平铺长方形的棺床，墓口有封门砖。两墓室底有一斜伸的排水道，宽 15、深 9 厘米。

该墓曾遭盗掘，仅在左墓室口两侧出土一对铁制镇墓兽。

镇墓兽（一对）

新昌博物馆藏

长 12.5、腹宽 5、高 9 厘米

长 16、腹宽 5.5、高 9.5 厘米

共 2 件。铁制牛形器。背成三角形、平腹、颈头朝下、无尾、四足直立，其中一件镇墓兽左后足断缺。通体锈蚀较重，表面呈黄褐色。

075

新昌县
南宋绍兴二十九年（1159年）墓

位于新昌县城关镇（今南明街道）南门外，1970年轴承厂新建厂房平整地基时发现，未清理，未编墓号。墓砖有刀形砖，长28、宽14、厚4.5厘米，砖两端阳印"宋故绍兴""己卯吕乙"铭文。南宋绍兴二十九年（1159年）是根据墓砖铭文推断而来。此墓出土青瓷花口碗及湖州石家青铜镜各一件，两件文物皆征集而得。

1. 铜镜

新昌博物馆藏

直径16、缘厚0.5厘米

六曲菱边形，曲边微内凹。桥形纽，纽有磨损。镜背长方形框内直书"湖州石十五郎炼铜照子"铭文，其余光素。

2. 青瓷花口碗

新昌博物馆藏

口径12.8、足径5.2、高5.7厘米

敞口，圆唇，深弧腹，细圈足。内壁五瓣间有一道白线纹自口沿至底。胎色灰白，胎质细腻，陶洗精纯。釉半透明，呈青绿色，釉层薄而均匀。内外通体施釉。足底处留旋削痕迹。

1. 铜镜

2. 青瓷花口碗

076 新昌县
南宋乾道六年（1170年）墓

位于新昌县城南乡丁村后门山。1971年11月中旬，原新溪乡丁村小学兴建校舍，在后门山挖墙基时发现了两座砖室墓，并在水浸的墓室中翻掘出两只乌石狮子（镇纸），该校老师电话告知人民公社和县文化馆。县文化馆立即派人清理，发现相邻三座墓呈"品"字形布局，似家族墓葬，编号为新昌3号墓、4号墓、5号墓。其中3号墓、4号墓皆有石质墓志出土，系南宋卢□及其母、妻墓葬。

4号墓为长方形砖室石顶墓，方向正东，长2.71、宽1.16米。左右墓壁各有壁龛6个，后壁有壁龛1个，壁龛高14、宽19厘米。墓底有长方形棺床，横砖平铺而成。墓砖长29、宽14、厚4.5厘米。部分墓砖两侧有模印阳文，一侧为"卢少师宅"，一侧为"乾道己丑"。

此墓出土玉佩1件、铜镜1件、青白瓷盒1件、铁制镇墓兽2件、青瓷器盖1件、白瓷罐碎片若干、铜钱数十枚。此外出土卢□母亲季氏石质墓志1方。

1. 青白瓷盒
新昌博物馆藏

盖面径3.5、底径3、通高2.3厘米

圆形。子母盖，盖面模印菊瓣纹。胎质白细。青白釉。盒内及底不施釉。

2. 青瓷器盖
新昌博物馆藏

直径15、高4厘米

青瓷器盖，器身已失。圆弧形。顶部有桥形纽，内有子口。青釉，下部平沿处釉已脱。

3. 铜镜
新昌博物馆藏

直径17、厚0.5厘米

六曲葵花形。细带纽。镜背左侧方框内有双行铭文"湖州真石家念二叔照子"，其余光素。

1. 青白瓷盒

2. 青瓷器盖

3. 铜镜

4. 玉佩

新昌博物馆藏

长 7.4、宽 5.5 厘米

桃形莲池鸳鸯戏水纹饰。底部为"心"字形藕节，上为曲折莲枝，莲叶间布满空隙。"心"字上方一对鸳鸯同向而游，嬉戏于莲丛中。鸳鸯上方有莲蓬与荷叶相对，顶端为一莲花。图案设计精巧，布局严整，透雕细腻，形象生动。

5. 铜钱（一组）

新昌博物馆藏

直径 2.5 厘米

共 28 枚。铜质，外圆内方孔，土绿色锈蚀较重。形状完整的共 23 枚，钱文可辨有"绍圣元宝""开元通宝""大观通宝""圣宋元宝"各 1 枚，"熙宁元宝""元丰通宝""天圣元宝"各 2 枚。另 5 枚残缺。

6. 镇墓兽

新昌博物馆藏

长 15、腹宽 4.5、高 8 厘米

铁质牛形器。圆背平腹，头部平伸，嘴向下，四足站立，左侧两腿已断。整体锈蚀严重，呈褐黄色。

7. 镇墓兽

新昌博物馆藏

长 15、腹宽 4.5、高 8 厘米

铁质牛形器，圆背平腹，头部平伸，嘴向下，四足站立。整体锈蚀严重，呈褐黄色。

4. 玉佩

5. 铜钱（一组）

6. 镇墓兽

7. 镇墓兽

077

新昌县
宋淳熙元年（1174年）墓

位于新昌县城南乡丁村后门山。1971年11月中旬，原新溪乡丁村小学兴建校舍，在后门山挖墙基时发现了两座砖室墓，并在水浸的墓室中翻掘出两只乌石狮子（镇纸），该校的老师电话告知人民公社和县文化馆。县文化馆立即派人清理，发现相邻三座墓呈"品"字形布局，似家族墓葬，编号为新昌3号墓、4号墓、5号墓。其中3号墓、4号墓皆有石质墓志出土，系南宋卢□及其母、妻墓葬。

3号墓系长方形砖室石顶结构，方向90°。墓长2.54、宽0.98米。墓壁用18层长方砖错缝平铺砌成，顶用长55、宽12、厚15厘米的条石横铺覆盖，每块条石都用子母榫口相嵌合，为防止漏水，在条石接缝处横铺墓砖叠压。墓室左、右壁都有等距离分布的小壁龛7个，后壁有壁龛1个，为竖置的墓志石所遮掩。墓底设青砖横铺的长方形棺床。墓砖素面，长29、宽14、厚4厘米。

此墓出土冻石鹿纽印章1方、玉珠串1副、端砚1方、石印盒1件、鼓形玉镇1件、玉剑格1件、乌石狮子（镇纸）2件、六曲素面湖州镜1面、铁制镇墓兽2件、古钱数十枚、锡器残片若干。

另出土卢□石质墓志一方。据志载，卢□（1119~1174）字德庄，湖州德清人，曾大父以儒学起家，逮今仕宦不绝。曾大父革，通仪大夫赠正仪大夫，曾祖母咸宁郡葛氏，普宁郡常氏，遂宁郡曹氏。大父秉，龙图阁直学士，左朝奉大夫，累赠少师。祖母魏国夫人莫氏，父知原，右宣奉大夫，充徽猷阁侍制，累赠少师。母益国夫人苏氏，所生母太安人季氏。□初调宣州城丞，次庐州梁县。兴国军大冶县宰，威

武军签判，权西外宗正簿，通判郴州。

1. 鼓形玉镇
新昌博物馆藏
直径7、高2厘米
青白玉质。扁鼓形。素面微鼓，侧边饰上、下两排乳丁，间以云纹。

2. 乌石狮形镇纸（一对）
新昌博物馆藏
长7厘米，头高3.5、尾高3厘米
共2件。两只石狮相向成对。前蹄交叉，后蹄被尾遮住，头向与尾部相盘，呈平卧状，底平。两眼圆睁，露齿，阔口高鼻，鬃毛蓬松略卷，颈、尾有狮毛纹。黑色锃亮，形象生动。

3. 玉珠串
新昌博物馆藏
玉石珠子73粒，杂串玉饰细雕件5件。其中一件龟蹲荷叶饰品，龟甲背纹，荷叶茎络分明，雕刻精致。

4. 冻石鹿纽卢□印章
新昌博物馆藏
长2.2、宽1.9、高3.4厘米
莹润米黄玉石质。方锥形。印面刻有阴文篆体"卢□"二字，刀法古朴苍劲，笔力雄厚。印上端为仰天鹿纽。

5. 玉剑格
新昌博物馆藏
上宽2.5、下宽4.6、高2.5、厚1厘米
整体略似菱角形状，中穿扁状孔。双面有纹饰，一面为网格地龙纹，另一面为阴刻涡纹。雕工细腻，形象生动。

6. 端砚
新昌博物馆藏
长17.8、宽10.3、高9.7厘米
抄手式端砚，尾部中空。长方形，砚面一端挖墨槽，边沿起缘，底足内削，无使用痕迹。

1. 鼓形玉镇

2. 乌石狮形镇纸（一对）

3. 玉珠串

4.冻石鹿纽卢□印章

5.玉剑格

6. 端砚

7. 银匙

新昌博物馆藏

长 11.8 厘米

细长柄，小椭圆匙舌（已残）。柄前窄后略阔，上有直棱，柄尾箭头形，整柄弯度较大。

8. 铜镜

新昌博物馆藏

直径 17、厚 0.5 厘米

六出菱边形。细带纽。镜背左侧方框内有双行铭文"湖州真石家念二叔照子"，其余光素。

9. 青瓷罐

新昌博物馆藏

口径 8.7、腹径 12.5、底径 6.5、高 12.5 厘米

直口，口沿略外撇，短颈，丰肩，略鼓腹下收，平底。肩部饰弦纹，置双系。青釉基本脱落，呈灰黄色。

10. 石印匣

新昌博物馆藏

长 10.2、宽 8.5、高 4 厘米

青田石质。长方形。内槽较深，约 2.3 厘米，直口至下部微收，底部雕有四足，四面匣边较薄。青灰杂红色。

11. 铜钱（一组）

新昌博物馆藏

直径 2.4 厘米

共 32 枚。外圆内方孔，文字难以辨认。有 26 枚形状较完整，6 枚已残缺。

12. 锡礼器碎片

新昌博物馆藏

整器已碎，原应为鼓形，饰有雷纹、几何纹、联珠纹。其中两块筒形锡件中可见龙纹耳，且器上可见联珠纹，疑为礼器。

13. 剑形器

新昌博物馆藏

长 19、宽 1.5 ~ 2、厚 0.3 ~ 0.1 厘米

牛角质。狭长形，上端较厚，至尾部逐渐略成狭薄状。

14. 镇墓兽（一对）

新昌博物馆藏

长 14.4、腹宽 5、高 7.5 厘米

长 14、腹宽 4.7、高 8 厘米

共 2 件。铁制牛形器。圆背平腹，粗颈头平伸，角耳残缺，四足直立，无尾。整器锈蚀较重，表皮部分剥落，表面呈黄褐色。

7. 银匙

8. 铜镜

9. 青瓷罐

10. 石印匣

11. 铜钱（一组）

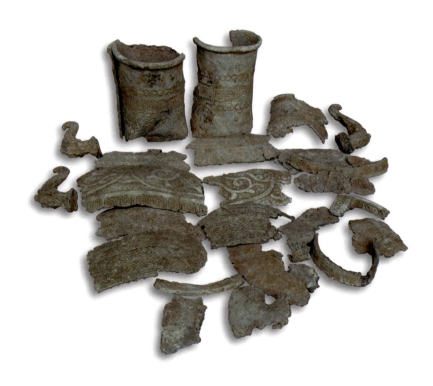

12. 锡礼器碎片

13. 剑形器

14. 镇墓兽（一对）

078

诸暨市
南宋淳熙八年（1181年）武氏墓

1982年7月在诸暨陶朱山东麓桃花岭清理。发掘前墓室已被完全扰乱，具体形制不明。

经现场清理，出土石抄手砚、银温酒器、银洗、水晶笔架、粉盒、铜镜等各类文物50余件，伴出墓志石一方。

墓志为青石质，高54、宽36、厚7厘米。志文10行，满行15字，共146字，皆竖书楷体阴刻，主要介绍墓主武氏的身份、身世及子女情况。志文释读如下：

> 宋故武氏，其先开封人，故武胜军承宣使讳球之曾孙，故武义大夫讳震之孙，故右武大夫、福建路兵马钤辖讳师说之女。□□十归于廖俣，今为宣教郎、通判抚州。淳熙八年六月四日己酉，以疾终于绍兴府诸暨县所居之寝，享年四十四。是年七月二十八日壬寅，葬于县之陶朱山之原，实□先翁姑墓兆之西南隅。子男六人：昌衡、昌诗、昌绍、昌甫、昌耆，幼未名；女二人，皆在室。谨志。

由墓志可知，墓主武氏为福建路兵马钤辖武师说之女，宣教郎、通判抚州廖俣之妻。

1. 铜鬲式炉
诸暨市博物馆藏
口径 5.8、高 6 厘米
口沿残。平折沿，直口，鼓腹，柱足。腹部饰直棱纹，腹部至足凸起三条扉棱。通体布满铜绿锈斑。

2. 铜鼎式炉
诸暨市博物馆藏
残高 6.3 厘米
口、腹均残。鼓腹，蹄足微外撇。腹部饰兽面纹。腹上有耳，已脱落。

3. 铜胆式瓶（一对）
诸暨市博物馆藏

最大腹径 4.8、足径 2.8 厘米，一件残高 13.6 厘米、一件残高 11 厘米
共2件，形制、大小一致。口沿残，细长颈，垂腹，形如胆，矮圈足。通体布满铜绿锈斑。

4. 铜贯耳瓶（一对）
诸暨市博物馆藏
口径 3.8、腹径 8.2、足径 6、高 18.4 厘米
共2件，形制、大小一致，其中一件已残。直口平唇，细长颈，溜肩，垂腹，上部细长，圈足外撇。颈中部对称附直筒形贯耳，贯耳及颈中部饰一周重回纹，圈足饰卷云纹。通体布满绿色铜锈。

5. 铜带盖盘口壶
诸暨市博物馆藏
口径 5、底径 4.5、高 7 厘米
盘口，束颈，鼓圆腹，矮圈足。有盖，盖面中央有纽，已残；一端装饰龟首，口微张。

6. 铜镜
诸暨市博物馆藏
直径 20.8、厚 0.4 厘米
八出菱边形。半圆纽，高平缘。镜背一侧近缘处铸长方形框，内铸两行楷书铭文："湖州真石家炼铜照子□"，个别字迹漫漶不清。器身光素无纹，局部有铜绿锈斑。

7. 铜镜
诸暨市博物馆藏
长 12.5、宽 9.6、厚 0.4 厘米
长方形。半圆纽，素面。通体布满铜绿锈斑。

8. 铜镜
诸暨市博物馆藏
直径 17.4、厚 0.4 厘米
六出菱边形。半圆纽，斜高缘。纽右侧铸长方形框，内铸铭文，字迹不清。

9. 带柄铜镜
诸暨市博物馆藏
连柄长 24.7、直径 14.8 厘米
八出菱边形。无纽，有柄，素面。镜背居中铸长方形框，内铸两行楷书铭文："湖州石十五郎真炼铜照子"。窄平缘。镜面满布铜绿锈斑，制作粗糙。

尔故武氏其先開封人故武勝軍承宣
使諡球之曾孫故武義大夫諱震之孫
故佑武□夫福建路兵馬鈐轄諱師說
之女□十歸于廖俣今為宣教郎通
判撫州淳熙八年六月四日己酉以疾
終于紹興府諸暨縣所居之寢事年四
十四是年七月二十八壬寅葬于縣二
陶朱山之原寅先翁姑墓兆之西南
隅子男六人昌衛昌詩昌紹昌甫昌子
幼未名女二人皆在室謹誌

1. 铜鬲式炉

2. 铜鼎式炉

3. 铜胆式瓶（一对）

4-1

4. 铜贯耳瓶（一对）

4-2

5. 铜带盖盘口壶

6. 铜镜

7. 铜镜

8. 铜镜

9. 带柄铜镜

10. 银温酒器

诸暨市博物馆藏

口径 7.6、底径 4、高 18 厘米

口沿残，提梁已脱落。敞口，宽平折沿，深筒腹，平底。口缘一端开一鸭嘴形短流，沿面焊接三足提梁。器物造型独特，光素无纹。因氧化而通体发黑。

11. 银渣斗

诸暨市博物馆藏

口径 7.9、底径 5.8、高 11.8 厘米

盘口坦张，呈喇叭状，束颈内凹，球腹，腹部较小，平底。因氧化而通体发黑。

12. 银鬲式炉

诸暨市博物馆藏

口径 12、高 10 厘米

腹部残。直口，平折沿，短直颈，鼓腹，鬲式足。腹部饰直棱纹，居中一道凹弦纹把腹部分为上下两部分，足部上方有三条扉棱。因氧化而通体发黑。

13. 银执壶

诸暨市博物馆藏

口径 4.5、底径 4.8、高 14.5 厘米

敞口，喇叭形长颈，溜肩，垂腹，矮圈足。壶盖上有一柱状纽，长弯流，流与颈之间以 S 形纹相连，曲柄宽扁，柄上有环与壶盖连接。器物造型优美。因氧化而通体发黑。

14. 银洗

诸暨市博物馆藏

口径 27、底径 18、高 6.2 厘米

敞口，宽折沿，浅弧腹，平底。通体光素无纹。因氧化而通体发黑。

15. 银小洗

诸暨市博物馆藏

口径 7、底径 5.2、高 2.4 厘米

敞口，平唇，宽折沿，扁圆腹，平底。器形小巧玲珑。因氧化而通体发黑。口沿、腹壁均有土沁斑痕。

16. 银盒盖（一组）

诸暨市博物馆藏

口径 9.5 厘米

共 2 件。圆形，素面，盖顶有小圆纽。其中一件碎成两半，另一件残损不成形。

17. 银水盂

诸暨市博物馆藏

直径 7、残高 5 厘米

口残，广肩，球腹，圜底。腹中部有一道凹弦纹。

18. 银簪

诸暨市博物馆藏

素面。已碎成三段。

19. 银筷（一对）

诸暨市博物馆藏

长 22.5、直径 0.5 厘米

共 2 只。其中一只保存完好，上粗下细，粗的一端截面呈圆形。另一只已断。

20. 银匙

诸暨市博物馆藏

通长 26 厘米

已残断。长柄、长勺。

21. 锡钵

诸暨市博物馆藏

口径 15.4、高 6.2 厘米

已变形。口沿外卷，腹至底部为三层焊接，圜底微内凹。

22. 水晶发簪

诸暨市博物馆藏

长 18.3、最大直径 0.8 厘米

呈圆锥状，一头粗一头尖。

23. 水晶笔架

诸暨市博物馆藏

长 9、宽 2.3、高 4.7 厘米

无色透明。五座山峰连绵起伏，中间一峰陡而险峻，高出周围，两边山峰较为低矮。造型小巧玲珑，琢工精细，晶莹剔透，呈玻璃光泽。

10. 银温酒器

11. 银渣斗

12. 银鬲式炉

13. 银执壶

14. 银洗

15. 银小洗

16. 银盒盖

17. 银水盂

18. 银簪

19. 银筷（一对） 20. 银匙

21. 锡钵

22. 水晶发簪

23. 水晶笔架

24. 石抄手砚

诸暨市博物馆藏

长 16.6、宽 10、高 2.7 厘米

端石制作，呈长方形。砚面开墨堂和"一"字形墨池。刻线浅而流畅，砚底挖割后呈凹槽形。墨堂下端有二鸲鹆眼，一大一小，眼中有晕三圈，分黑、绿、淡黄三色。制作工整，石质细腻温润。

25. 石抄手砚

诸暨市博物馆藏

长 17.8、宽 10.6、高 5.9 ~ 6.2 厘米

端石制作，呈长方形。砚面开墨堂和"一"字形墨池。墨池上端砚岗居中处刻有小圆圈，其内阴刻网格纹，刻线简洁流畅。砚底凹槽较深。制作工整，石质细腻温润。

26. 青白瓷水盂

诸暨市博物馆藏

口径 8.6、底径 4.2、高 5.5 厘米

敛口，短颈，上腹鼓出，下腹折收，小平底。胎薄。青白釉，白中显青，青中有白，釉面光亮，透明感强。器身内外施釉，芒口，口缘不施釉。制作精细而工整。

27. 影青瓷粉盒

诸暨市博物馆藏

口径 5、底径 3.2、高 2.7 厘米

扁圆形，由盒身、盒盖两部分组成。子母口，扁圆腹，平底微内凹。盒盖刻划菊花纹，腹部刻菊瓣纹。青白釉，质薄而色白，釉色微带青色，晶莹润泽。盒内外壁均施釉。

28. 白瓷葵口小碟

诸暨市博物馆藏

口径 9、底径 6、高 1.2 厘米

六出葵花口，浅坦腹，平底。胎体轻薄。白釉，釉色发黄。内外施釉。

29. 酱釉罐（一组）

诸暨市博物馆藏

口径 9.5、底径 8.3、高 16 厘米

口径 6.2、底径 6.4、高 12.8 厘米

共 2 件，形制相同。侈口，束颈，椭圆腹，平底。酱釉。内外施釉，釉不及底。

30. 漆盒（一组）

诸暨市博物馆藏

口径 8.2、底径 6.6、通高 6 厘米

共 4 件，大小、形制一致。子母口，呈六边形。盖面圆弧形，浮雕凤鸟纹。口沿一周饰回形纹。盒身平底微内凹。内外髹漆，外表层漆已朽蚀剥落。

24. 石抄手砚

25. 石抄手砚

26. 青白瓷水盂

27. 影青瓷粉盒

28. 白瓷葵口小碟

29. 酱釉罐

30. 漆盒（一组）

诸暨市

079 南宋庆元六年（1200 年）董康嗣夫妇墓

1981 年 7 月下旬在诸暨县城（今诸暨市）西面约 1 千米的长山脚下一土阜上（俗称金畚斗山）清理。墓葬为砖室墓，平面呈长方形，方向 40°。分左右两室，中间隔一道砖墙，无甬道和墓门。墓室四壁已毁，仅残存墓底。两室均长 3.5 米，左室宽 1.65 米，右室宽 1.7 米，墓室四壁用长方砖错缝平砌，用灰浆嵌缝。砖为青灰色，素面无纹，长 29、宽 13、厚 4 厘米。墓底用砖平铺，上积褐色淤泥，厚约 45 厘米，淤泥中夹有大量腐朽的漆器和红色漆皮。尸骨和棺木均无存。

部分随葬品已扰乱，经清理，右室出土瓷罐、铜镜、石雕犀牛镇纸、石雕笔架、石雕龟纽水注、石砚、铜钱、墓志石等，左室出土瓷罐、粉盒、铜镜、墓志石等。

右室墓志石一方，青石质，高 73、宽 56、厚 6 厘米。志文共 17 行，满行 25 字，全文 400 余字。楷体，书法端正严谨。墓志录文如下：

> □□□□□新通判筠州军州、兼管内劝农营田事。赐绯鱼袋董□□□□（君讳康嗣），字子宁。本贯开封府祥符县，自南渡寓居绍兴府诸暨□（县）。□（曾）祖考讳宗尹，赠金紫光禄大夫。妣沈氏，赠吴兴郡夫人。祖考讳宗礼，赠中大夫。妣姚氏，赠令人。考讳孝先，任中大夫，赠通奉大夫。妣令人田氏、黄氏，硕人周氏。公生于绍兴四年八月十七日，以通奉任中大夫，遇郊祀，奏补通仕郎。绍兴二十二年授从事郎、监潭州南岳庙、岳州平江县尉。遇覃恩，授文林郎。丁硕人忧，服，除隆兴府右司理，以部押上供。循儒林郎、宁海军节度推官，应办金国人使。循承直郎、南剑州军事推官。以荐员奏举、不候，代磨勘，改通直郎、知建宁府瓯宁县。遇覃恩，赐绯鱼袋、通判沅州。任满，除今任。自通直郎该磨勘，遇覃恩，转至今官。庆元六年十二月八日，以疾终于正寝，享年六十有七。公娶周氏，封安人。子男七人：长洙，前公七十日亡；次汶，今将以公致仕恩奏官；次泾、湘、沦，业进士；次漳、沐，蚤亡。女四人：长适进士孙柟，次适成忠郎、潭州排岸赵伯林，次蚤亡，次适进士何森。孙男十三人：枌、枡、杉、櫄、模、杓、栟、彬、林，余幼亡。孙女三人，未行。以嘉泰元年七月十二日，祔葬公于陶朱乡净土山硕人茔之右。汶泣血谨志。刊者黄梓。

左室墓志石一方，青石质，高 65、宽 48、厚 6 厘米。居中处竖刻"有宋安人周氏墓志"隶体大字 1 行，左右两侧各有楷体志文 6 行，满行 20 字，全文 200 余字。从志文可知墓主人周氏系董氏之妻。结合在附近征集的周令人墓志可知，男性墓主全名董康嗣，本贯开封祥符县，随宋室南迁后定居诸暨，卒于庆元六年（1200 年）十二月，葬于嘉泰元年（1201 年）七月。其妻周氏卒于开禧二年（1206 年）九月，至嘉定元年（1208 年）四月方与董康嗣合葬。

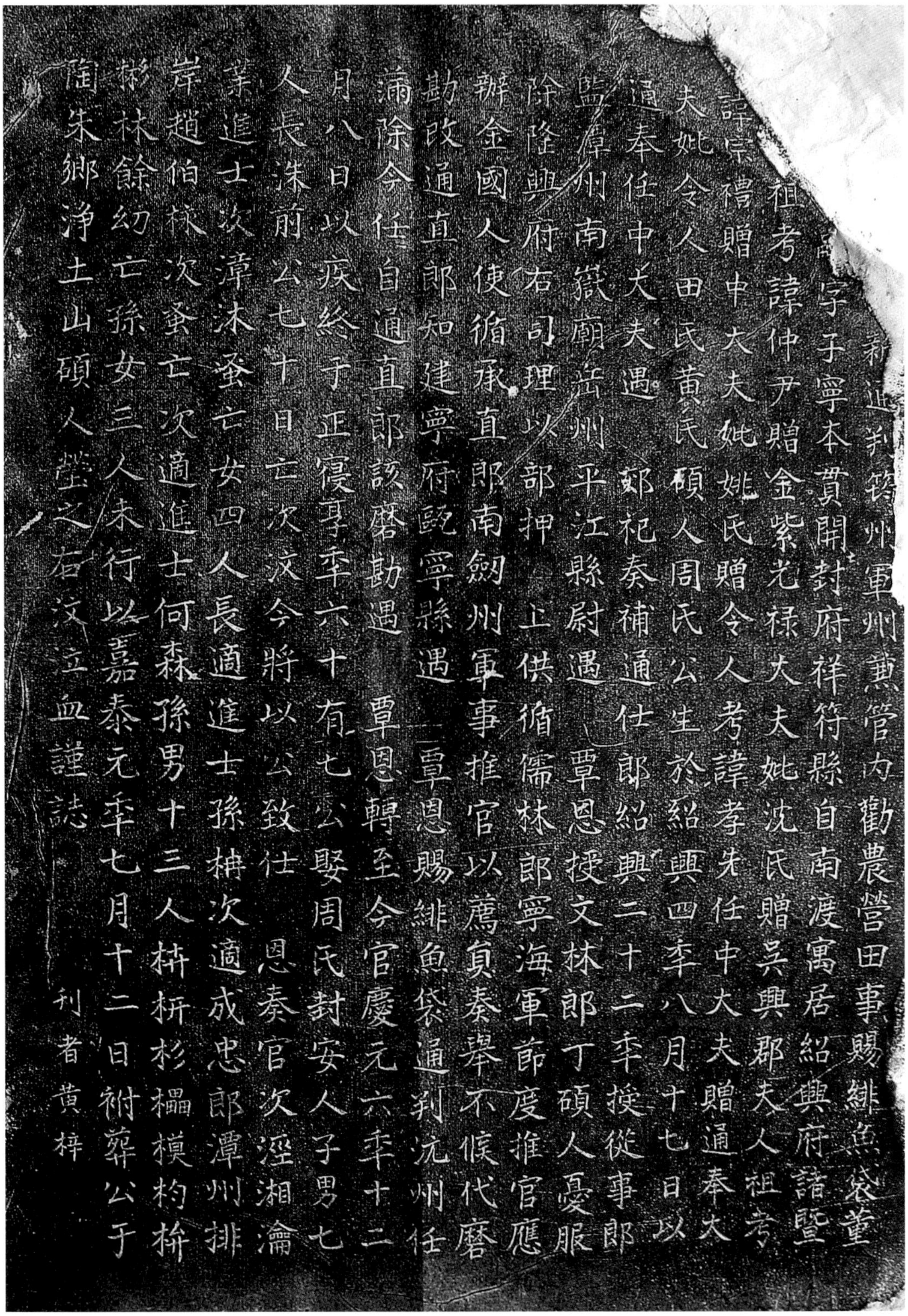
新通判筠州軍州兼管內勸農營田事賜緋魚袋董
字子寧本貫開封府祥符縣自南渡寓居紹興府諸暨
祖考諱仲尹贈金紫光祿大夫妣沈氏贈吳興郡夫人祖考
諱宗禮贈中大夫妣姚氏贈令人考諱孝先任中大夫贈通奉大
夫妣令人田氏黃氏碩人周氏公生於紹興四年八月十七日以
通奉任中大夫遇郊祀奏補通仕郎紹興二十二年授從事郎
監潭州南嶽廟岳州平江縣尉遇 覃恩授文林郎丁碩人憂服
除隆興府右司理以部押 上供循儒林郎寧海軍節度推官應
辦金國人使循承直郎南劍州軍事推官以薦員奏舉不候代磨
勘改通直郎知建寧府甌寧縣遇 覃恩賜緋魚袋通判沅州任
滿除令任自通直郎該磨勘遇 覃恩轉至今官慶元六年十二
月八日以疾終于正寢享年六十有七公娶周氏封安人子男七
人長洙前公七十日亡次汶今將以公致仕 恩奏官次涇湘淪
業進士次漳沐蚤亡女四人長適進士孫柟次適成忠郎潭州排
岸趙伯林次蚤亡次適進士何森孫男十三人枡枅杉櫑模杓梈
彬林餘幼亡孫女三人未行以嘉泰元年七月十二日祔葬公于
陶朱鄉淨土山碩人塋之右汶泣血謹誌
刊者黃梓
右室墓志

有宋安人周氏墓誌

安人法名妙淨越之諸暨人考諱良里構長者安
人生於紹興丙辰正月十日未笄歸先君通湘
散董氏勤儉柔順始終不渝事親族沭於先
閨門蕭教子弟謹晚年尤喜佛書開禧丙寅兄
日以疾終于正寢享壽七十有一以先君以
更遇慶霈累念封嘉定戊辰四月三日合葬于□縣

圯陶朱鄉淨土山先君之墓子男七人長沭先卒
次波迪功郎新常德府桃源縣王簿次涇湘淪皆業
儒餘崟世女三人適進士孫拂也翊郎新添老衢州
兵馬監押趙伯朴尚幼曾孫壽汶等謹泣血叙太略
彬材林孫女四人鄉貢進士沈濼書諱
誌諸壙

黄章列

亡姊周令人世本開封修武宣之女
皇宋元符閒歸于考提舉董中大諱
孝先字茝思令人享年八十一隆興
玫元歲旦祭末九月十二日庚子以
疾終于寢生子一人康嗣見任右文
林郎孫男四人洙汶涇湘孫女二人
俱幼是年十二月丁巳朔十有四日
庚午卜葬于紹興府諸暨縣陶朱鄉
淨土院南山之陽男康嗣泣血謹書

周令人墓志

1. 青瓷四系罐

诸暨市博物馆藏

口径 6.8、底径 9、高 27 厘米

小口，短颈，平唇外折，腹微鼓，下腹斜直内收，平底。肩部有四个半环形系。胎呈灰色。青灰色釉。施釉不及底，制作粗糙。

2. 影青瓷罐

诸暨市博物馆藏

口径 9、足径 5.6、高 6.5 厘米

弧敛口，尖唇，深腹，矮圈足。外口沿下饰一周圆珠纹，外腹刻直棱纹。釉色米黄，釉层薄而光亮。施釉不及底。

3. 影青瓷粉盒

诸暨市博物馆藏

口径 5、足径 4.5、高 2 厘米

缺盖。子母口，浅腹，假圈足，平底。外腹刻直棱纹。施薄釉，釉质光润明亮，底足无釉。

4. 铜镜

诸暨市博物馆藏

直径 18.3、厚 0.4 厘米

八出菱边形。纽残，素面。呈暗灰色。

5. 铜镜

诸暨市博物馆藏

残，葵花形。镜背一侧铸长方形框，内竖铸楷体阳文两行，字迹可辨的仅有"石家""照子"四字。镜缘浅平，包浆好，漆黑光亮。

6. 铜镜

诸暨市博物馆藏

直径 17.2 厘米

八弧葵花形。圆纽，素面。镜背铸一长方形框，内铸"湖州仪凤桥相对阻石家"阳文铭文两行。

7. 铜镜

诸暨市博物馆藏

长 12.5、宽 8.3、厚 0.5 厘米，纽径 1.3 厘米

长方形。半环纽，素面。暗灰色，有铜绿锈斑。

8. "碧玉子"铭随形端砚

诸暨市博物馆藏

直径 22.4、厚 3.5 厘米

端石制作。圆形，边缘不规则。砚面与底均磨制光滑。砚面不开墨堂和墨池，以乳白色为主，伴以青色和淡黄色。石质细腻温润。砚面一侧阴刻隶书"碧玉子"三字。

9. 石雕犀牛镇纸（一对）

诸暨市博物馆藏

长 9.2、底宽 3.1、高 5 厘米

共 2 件，大小、造型一致。呈卧伏状，四肢蜷曲。昂首突目，口鼻上翘，两耳耸立，作警觉状。头部长一独角，向后倾斜，角尖朝上。躯体浑圆壮实，蹄足粗壮有力，尾巴紧缩臀后搭至后腿。造型生动，琢工精细。通体黝黑，石质细腻光滑，表面有铁锈色沁斑。

10. 石雕龟纽水注

诸暨市博物馆藏

口径 7~10.5、高 4 厘米

外缘不规则，形似假山，高低起伏，内琢一椭圆形水池。有盖，盖面正中为龟纽。龟昂首顾盼，四足着地，作匍匐之姿，龟背隆起，阴刻龟背纹，刻线清晰流畅，形态逼真。盖的一端镂一小孔，用于出水。通体黝黑，石质细腻光亮。

11. 石雕笔架

诸暨市博物馆藏

长 26.8、底宽 2.9、高 5.9 厘米

通体雕琢错落有序的山峦 32 座，中部峰峦拔地而起，巍然屹立，边缘随势绵延起伏不断。色泽黝黑，石质细腻光滑。

12. "天圣元宝"铜钱（一组）

诸暨市博物馆藏

直径 2.5、方穿边长 0.7 厘米

共 384 枚。小平钱，外圆内方。为北宋仁宗赵祯天圣年间（1023~1032 年）铸，钱文有楷、篆两款，其中楷体 231 枚、篆体 153 枚。多已锈蚀，依稀能辨"天圣元宝"四字。

1. 青瓷四系罐

2. 影青瓷罐

3. 影青瓷粉盒

4. 铜镜

5. 铜镜

6. 铜镜

7. 铜镜

8. "碧玉子" 铭随形端砚

9. 石雕犀牛镇纸（一对）

10. 石雕龟纽水注

11. 石雕笔架

12. "天圣元宝"铜钱（一组）

080 绍兴市
南宋咸淳元年（1265 年）
环翠塔地宫

1970 年于今绍兴市柯桥区环翠塔地宫出土。

龙泉窑青瓷樽式炉

绍兴市博物馆藏

口径 14、足径 6.8、高 9.5 厘米

直口，方唇内敛，直筒式炉身，腹底有圈足，下承
三个兽蹄足。腹部对称贴"福""寿"二字和牡丹
花两朵，上下各饰一道凸弦纹。灰白胎。青釉。炉
内遗留有香灰。该器出土于"咸淳乙丑六月廿八日
辛未"纪年石函中。

081

新昌县
明嘉靖二十九年（1550年）何宙墓

位于拔茅镇王泗洲村琴山北麓，与泉窝村隔新昌江对峙。1972年村民开山种植桑园时发现石质墓志一方，同年10月进行清理，编号为新昌2号墓。石椁墓，墓向5°，共四圹，长2.24、总宽4.1、高0.86米。底铺石板，墓室系条石砌成，墓室上覆盖条石，无甬道。

清理后仅发现湖蓝色玻璃发簪一支，牙齿数枚，头发一小撮。

何宙（1472~1548年），系兵部尚书何鉴弟何铼之子。宙由岁贡授番阳（鄱阳）司训，宜黄县教谕，山东武定州学正。他教授的学生中进士有十多人，其中有翰林院编修姜金和，户部员外郎胡金荣，礼部主事谭纶，户科给事中刘询，兵部主事舒载道，解元欧阳杲等人。谭纶，《明史》有传，是抗倭名将。墓志录文如下：

明故山东武定州学正琴山先生何公墓志
赐进士及第翰林院编修番阳门人姜金和撰
户部员外郎江都门人胡金荣书

礼部主事宜黄门人谭纶篆

公姓何，讳宙，字孟弘，新昌人。始祖讳茂，自吴越为节度使，世居小东门，簪缨相继，国朝讳泰，为都事中，公之从高祖。伯父五山公讳鉴，为太保大司马，素为钟爱。由岁贡授番阳司训。今为户科给事中刘询、兵部主事舒载道、解元欧阳杲，由进士者一十余人，素佩公训。转京武库，升宜黄教谕，迁学正。司府为公立有昭德碑记，公已告逝。公有诗百卷，曰《琴溪稿》，入梓刊行。生于成化壬辰，卒于嘉靖戊申，享年七十七。配张氏，二十七都张志广长女，享年六十六，先公卒。子五人，女二。长子纯，由乡贡入太学。次子琥，淮阳丞。次绛、缓、缜。长女适张时春，幼幼。孙男九行、九麟、九畴、九伯。予家严昔知新昌县事，与公子琥以庚戌十月葬公琴山之阳，张氏同帘，以兄纯、弟缓附葬，为以状请志，予□不敢辞而为之志。嘉靖庚戌吉日河阜淮阳丞次子琥泣血立石。

玻璃簪

新昌博物馆藏

长12.5、尾端直径0.5、顶端直径1.8厘米

玻璃器。湖蓝色，圆锥形，圆丘形帽顶，向下逐渐收小。

082

新昌县
明万历十一年（1583 年）墓

位于新昌县城关镇（今南明街道）南门外吕家头山（俗称吕家亭）东麓。1976 年 3 月底村民开田时发现，文物部门随即清理，编为 16 号墓。石椁墓，墓向 10°。条石砌成，墓外覆以桐油石灰浆，墓顶再覆以墓砖。墓室长 2.55、宽 0.45、高 0.11 米，并列五室。左墓室宽 0.72、高 0.07 米，有一棺，棺底已朽，内有人骨架一具，未见随葬品。右侧两间墓室被石灰石块填满，未清理。中墓室出土五支银发钗，一枚薄银钱，钱上镌有"生天见佛"四字。

墓顶覆盖墓砖，砖长 23、宽 11、厚 6 厘米。模印

阳文砖分两种：一种一侧为"明处士吕公经训墓"，另一侧为"万历十一年孝孙兵部郎中吕若愚造"；另一种一侧为"□行人司副吕公墓"，另一侧为"万历十一年孝子兵部郎中吕若愚造"。

1. 银发簪（一组）
新昌博物馆藏
长 10、帽顶直径 1.6 厘米
共 5 支。细棒状，圆锥形梅花帽顶，顶端花蕊与五朵覆垂花瓣为金箔制成，瓣面阴刻三细直线纹。五支发簪中有一支缺少梅花帽顶。

2. 薄银钱
新昌博物馆藏
直径 3.4、内口径 0.3 厘米
外圆，内为菱形孔。外缘由斜划线和小圆圈组成图案，钱面上镌有"生天见佛"四字。极薄。

1. 银发簪（一组）

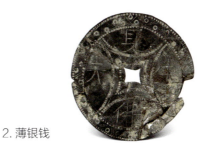

2. 薄银钱